RAPHAEL'S AST]

Ephemeris of the

for 20

A Complete Aspectarian

Mean Obliquity of the Ecliptic, 2019, 23 ° 26′ 13″

INTRODUCTION

Greenwich Mean Time (GMT) has been used as the basis for all tabulations and times. The tabular data are for 12h GMT except for the additional Moon tabulations (headed 24h). All phenomena and aspect times are now in GMT (to obtain Local Mean Time of aspect, add / subtract the time equivalent of the longitude E / W respectively). The zodiacal sign ingresses are integrated with the Aspectarian as well as in a separate table (inside back cover). Additionally, the 10-daily positions for ***Chiron****, the four of the larger asteroids (****Ceres****,* ***Pallas****,* ***Juno*** *and* ***Vesta****) and the* ***Black Moon Lilith*** *have been drawn from Raphael's definitive 151-year Ephemeris (page 37).*

BRITISH SUMMER TIME

British Summer Time begins on March 30 and ends on October 27. When *British Summer Time* (one hour in advance of G.M.T.) is used, subtract one hour from B.S.T. before entering this Ephemeris. These dates are believed to be correct at the time of printing.

ISBN: 978 0 572 04732 0

A CIP record for this book is available from the British Library

Printed in Great Britain by Charlesworth

W. Foulsham & Co. Ltd. London
The Old Barrel Store, Draymans Lane,
Marlow, Bucks, SL7 2FF, England

NEW MOON–Jan. 6,01h.28m. (15°♑25′)

D M	D W	Sidereal Time	☉ Long.	☉ Dec.	☽ Long.	☽ Lat.	☽ Dec.	☽ Node	24h. ☽ Long.	24h. ☽ Dec.
		h m s	° ′ ″	° ′	° ′ ″	° ′	° ′	° ′	° ′ ″	° ′
1	T	18 43 25	10♑45 59	23 S 00	18♏50 21	4 N53	12 S 43	27♋33	25♏14 49	14 S 34
2	W	18 47 21	11 47 09	22 55	1♐35 47	4 20	16 14	27 30	7♐53 29	17 42
3	Th	18 51 18	12 48 20	22 49	14 08 04	3 35	18 56	27 26	20 19 44	19 57
4	F	18 55 14	13 49 31	22 43	26 28 40	2 40	20 43	27 23	2♑35 03	21 15
5	S	18 59 11	14 50 42	22 37	8♑39 03	1 39	21 31	27 20	14 40 52	21 32
6	Su	19 03 08	15 51 53	22 30	20 40 43	0 N33	21 18	27 17	26 38 48	20 49
7	M	19 07 04	16 53 04	22 22	2♒35 23	0 S33	20 06	27 14	8♒30 43	19 11
8	T	19 11 01	17 54 14	22 14	14 25 06	1 37	18 03	27 10	20 18 52	16 44
9	W	19 14 57	18 55 24	22 06	26 12 21	2 37	15 14	27 07	2♓05 58	13 36
10	Th	19 18 54	19 56 34	21 57	8♓00 07	3 30	11 49	27 04	13 55 17	9 55
11	F	19 22 50	20 57 43	21 48	19 51 56	4 15	7 55	27 01	25 50 35	5 50
12	S	19 26 47	21 58 52	21 39	1♈51 47	4 49	3 S40	26 58	7♈56 03	1 S28
13	Su	19 30 43	23 00 00	21 29	14 03 59	5 10	0 N47	26 55	20 16 08	3 N02
14	M	19 34 40	24 01 08	21 18	26 33 02	5 18	5 18	26 51	2♉55 14	7 31
15	T	19 38 37	25 02 15	21 07	9♉23 12	5 10	9 42	26 48	15 57 22	11 49
16	W	19 42 33	26 03 21	20 56	22 38 05	4 46	13 48	26 45	29 25 35	15 40
17	Th	19 46 30	27 04 27	20 44	6♊19 59	4 06	17 20	26 42	13♊21 18	18 47
18	F	19 50 26	28 05 32	20 32	20 29 20	3 09	19 58	26 39	27 43 45	20 50
19	S	19 54 23	29♑06 36	20 20	5♋04 00	1 58	21 22	26 36	12♋29 24	21 33
20	Su	19 58 19	0♒07 39	20 07	19 59 04	0 S38	21 20	26 32	27 32 00	20 43
21	M	20 02 16	1 08 42	19 54	5♌07 04	0 N46	19 44	26 29	12♌43 04	18 23
22	T	20 06 12	2 09 44	19 40	20 18 46	2 07	16 43	26 26	27 52 58	14 47
23	W	20 10 09	3 10 45	19 27	5♍24 32	3 19	12 36	26 23	12♍52 26	10 15
24	Th	20 14 06	4 11 46	19 12	20 15 46	4 16	7 46	26 20	27 33 50	5 13
25	F	20 18 02	5 12 46	18 58	4♎46 03	4 55	2 N37	26 16	11♎52 03	0 N01
26	S	20 21 59	6 13 46	18 43	18 51 37	5 15	2 S32	26 13	25 44 43	5 S01
27	Su	20 25 55	7 14 45	18 27	2♏31 24	5 16	7 24	26 10	9♏11 53	9 39
28	M	20 29 52	8 15 43	18 12	15 46 26	5 00	11 46	26 07	22 15 25	13 42
29	T	20 33 48	9 16 42	17 56	28 39 13	4 30	15 28	26 04	4♐58 17	17 02
30	W	20 37 45	10 17 39	17 40	11♐13 04	3 47	18 22	26 01	17 24 02	19 30
31	Th	20 41 41	11♒18 36	17 S 23	23♐31 37	2 N54	20 S 23	25♋57	29♐36 15	21 S 01

D M	Mercury Lat.	Mercury Dec.	Mercury Dec.	Venus Lat.	Venus Dec.	Venus Dec.	Mars Lat.	Mars Dec.	Mars Dec.	Jupiter Lat.	Jupiter Dec.
	° ′	° ′	° ′	° ′	° ′	° ′	° ′	° ′	° ′	° ′	° ′
1	0 N04	23 S 16	23 S 26	3 N 27	15 S 26	15 S 40	0 S 17	0 S 09	0 N 08	0 N 38	21 S 35
3	0 S 11	23 36	23 44	3 27	15 53	16 07	0 15	0 N25	0 43	0 38	21 39
5	0 25	23 51	23 57	3 27	16 21	16 35	0 12	1 00	1 17	0 38	21 42
7	0 39	24 02	24 06	3 26	16 48	17 01	0 09	1 34	1 51	0 38	21 45
9	0 52	24 08	24 09	3 24	17 14	17 27	0 07	2 09	2 26	0 37	21 48
11	1 04	24 08	24 07	3 22	17 40	17 53	0 04	2 43	3 00	0 37	21 51
13	1 15	24 04	24 00	3 20	18 05	18 17	0 S 02	3 17	3 34	0 37	21 54
15	1 25	23 54	23 47	3 16	18 28	18 40	0 00	3 51	4 08	0 37	21 56
17	1 34	23 38	23 28	3 13	18 51	19 02	0 N 03	4 25	4 42	0 37	21 59
19	1 43	23 17	23 04	3 09	19 12	19 22	0 05	4 59	5 16	0 37	22 02
21	1 50	22 50	22 34	3 04	19 32	19 41	0 07	5 33	5 49	0 37	22 04
23	1 56	22 17	21 59	2 59	19 50	19 59	0 09	6 06	6 23	0 37	22 06
25	2 00	21 38	21 17	2 54	20 07	20 15	0 11	6 39	6 56	0 37	22 09
27	2 03	20 54	20 29	2 48	20 22	20 29	0 13	7 12	7 29	0 37	22 11
29	2 05	20 03	19 S 35	2 43	20 35	20 S 41	0 15	7 45	8 N 01	0 37	22 13
31	2 S 05	19 S 06		2 N 36	20 S 46		0 N 17	8 N17		0 N 37	22 S 15

FIRST QUARTER–Jan.14,06h.46m. (23°♈48′)

FULL MOON–Jan.21,05h.16m. (0°♌52′)

D M	☿ Long.	♀ Long.	♂ Long.	♃ Long.	♄ Long.	♅ Long.	♆ Long.	♇ Long.
	° ′	° ′	° ′	° ′	° ′	° ′	° ′	° ′
1	24♐35	23♏59	0♈16	11♐52	11♑26	28♈37	14♓05	20♑37
2	26 03	24 59	0 57	12 05	11 33	28R 37	14 07	20 39
3	27 32	25 58	1 37	12 18	11 40	28 36	14 08	20 41
4	29♐01	26 59	2 17	12 30	11 47	28 36	14 09	20 43
5	0♑31	27 59	2 58	12 42	11 55	28 36	14 11	20 45
6	2 01	29♏00	3 38	12 55	12 02	28 36	14 12	20 47
7	3 32	0♐02	4 19	13 07	12 09	28D 36	14 13	20 49
8	5 03	1 04	4 59	13 19	12 16	28 36	14 15	20 51
9	6 35	2 06	5 40	13 31	12 23	28 36	14 16	20 53
10	8 07	3 08	6 20	13 44	12 30	28 36	14 18	20 55
11	9 39	4 11	7 01	13 56	12 37	28 37	14 19	20 57
12	11 12	5 15	7 41	14 08	12 44	28 37	14 21	20 59
13	12 46	6 18	8 22	14 19	12 51	28 37	14 22	21 01
14	14 19	7 22	9 03	14 31	12 58	28 38	14 24	21 03
15	15 54	8 26	9 43	14 43	13 05	28 38	14 26	21 05
16	17 28	9 30	10 24	14 55	13 12	28 38	14 27	21 07
17	19 04	10 35	11 04	15 06	13 19	28 39	14 29	21 09
18	20 39	11 40	11 45	15 18	13 26	28 40	14 31	21 11
19	22 16	12 45	12 26	15 29	13 33	28 40	14 32	21 13
20	23 53	13 51	13 06	15 41	13 40	28 41	14 34	21 15
21	25 30	14 57	13 47	15 52	13 47	28 42	14 36	21 17
22	27 08	16 03	14 28	16 03	13 54	28 42	14 38	21 19
23	28♑46	17 09	15 08	16 15	14 00	28 43	14 39	21 21
24	0♒26	18 15	15 49	16 26	14 07	28 44	14 41	21 23
25	2 05	19 22	16 29	16 37	14 14	28 45	14 43	21 25
26	3 46	20 29	17 10	16 48	14 21	28 46	14 45	21 27
27	5 27	21 36	17 51	16 59	14 27	28 47	14 47	21 29
28	7 08	22 43	18 31	17 09	14 34	28 48	14 49	21 31
29	8 51	23 50	19 12	17 20	14 41	28 49	14 51	21 33
30	10 34	24 58	19 53	17 30	14 48	28 51	14 53	21 35
31	12♒17	26♐06	20♈33	17♐41	14♑54	28♈52	14♓55	21♑37

D M	Lunar Aspects ☉	☿	♀	♂	♃	♄	♅	♆	♇
1			☌	⚼				△	⚹
2	∠	⚺		△		∠			∠
3	⚺				☌	⚺	⚼	□	
4		☌	⚺				△		⚺
5			∠	□	⚺	☌		⚹	
6	●								☌
7		⚺	⚹	⚹	∠		□	∠	
8	⚺				⚹	⚺		⚺	
9		∠		∠		∠	⚹		⚺
10	∠	⚹	□	⚺	□	⚹	∠		∠
11	⚹							☌	⚹
12			△				⚺		
13		□		☌	△	□		⚺	
14	□		⚼		⚼		☌	∠	□
15				⚺		△		⚹	
16	△	△		∠		⚼	⚺		△
17	⚼	⚼	☍	⚹					⚼
18					☍		∠	□	
19							⚹		
20		☍		□		☍		△	☍
21	●–●		⚼		⚼		□	⚼	
22			△	△	△				
23				⚼		⚼	△		⚼
24	⚼	⚼	□		□	△	⚼	☍	△
25	△	△							
26			⚹	☍	⚹	□			□
27	□	□	∠		∠		☍	⚼	
28					⚺	⚹		△	⚹
29			⚺	⚼		∠			
30	⚹	⚹				⚺	⚼	□	∠
31	∠	∠	●	△	☌		△		⚺

D M	Saturn Lat.	Saturn Dec.	Uranus Lat.	Uranus Dec.	Neptune Lat.	Neptune Dec.	Pluto Lat.	Pluto Dec.
	° ′	° ′	° ′	° ′	° ′	° ′	° ′	° ′
1	0N29	22S28	0S32	10N29	0S58	7S09	0S06	21S58
3	0 29	22 27	0 32	10 29	0 58	7 08	0 06	21 57
5	0 29	22 26	0 32	10 29	0 58	7 07	0 07	21 57
7	0 29	22 24	0 32	10 29	0 58	7 06	0 07	21 56
9	0 28	22 23	0 32	10 29	0 58	7 05	0 07	21 56
11	0 28	22 22	0 32	10 29	0 58	7 04	0 07	21 55
13	0 28	22 21	0 32	10 29	0 58	7 02	0 07	21 55
15	0 28	22 20	0 32	10 30	0 58	7 01	0 08	21 54
17	0 28	22 18	0 31	10 30	0 58	7 00	0 08	21 54
19	0 28	22 17	0 31	10 31	0 58	6 59	0 08	21 54
21	0 28	22 16	0 31	10 31	0 58	6 57	0 08	21 53
23	0 28	22 15	0 31	10 32	0 58	6 56	0 08	21 53
25	0 27	22 13	0 31	10 33	0 58	6 54	0 08	21 52
27	0 27	22 12	0 31	10 33	0 58	6 53	0 09	21 52
29	0 27	22 11	0 31	10 34	0 58	6 51	0 09	21 51
31	0N27	22S09	0S31	10N35	0S58	6S50	0S09	21S51

Mutual Aspects

2 ☉⚺♃. ☉☌♄.
4 ☉⚹♆. ☿△♅. ♀∠♄.
5 ♂Q♇.
6 ☿Q♆. ♀∇♅. ♅Stat.
7 ☉||♄. 8 ☿□♂.
9 ♃⚼♅.
10 ☉⊥♃. ☉||♇.
11 ☉☌♇. ♀±♅. ☉||♃.
12 ☿⊥♀.
13 ☿☌♄. ♀∠♇. ♃□♆.
14 ☿⚺♃. ☿⚹♆. ♀⊥♄. ♃||♇.
17 ♃⊥♇.
18 ☿⊥♃. ☿☌♇. ♀△♂.
19 ☉□♅. ☉∠♆.
20 ♀⚺♄. ♀⚼♅.
21 ☉∠♃. ♀□♆. ♀⊥♇. ♂□♄.
22 ♀☌♃. ♂⚺♆. ☉||♀.
23 ☉Q♂. ☿□♅. ☿||♄.
24 ☿∠♆. ☿||♃. ☿||♇.
25 ☿∠♃. ♂△♃.
26 ♂#♆.
27 ☿Q♂. ♀⚺♇.
28 ☿||♀. ♃||♄.
29 ☉⊥♆. ☿∠♀. ☿⊥♆.
30 ☉☌☿. 31 ♄⚹♆.

LAST QUARTER–Jan.27,21h.10m. (7°♏38′)

NEW MOON–Feb. 4,21h.04m. (15°♒45′)

D M	D W	Sidereal Time	☉ Long.	☉ Dec.	☽ Long.	☽ Lat.	☽ Dec.	☽ Node	24h. ☽ Long.	24h. ☽ Dec.
		h m s	° ′ ″	° ′	° ′ ″	° ′	° ′	° ′	° ′ ″	° ′
1	F	20 45 38	12 ♒ 19 31	17 S 06	5 ♑ 38 21	1 N55	21 S 24	25 ♋ 54	11 ♑ 38 19	21 S 33
2	S	20 49 35	13 20 26	16 49	17 36 30	0 N51	21 26	25 51	23 33 15	21 05
3	Su	20 53 31	14 21 21	16 31	29 28 53	0 S 15	20 30	25 48	5 ♒ 23 42	19 41
4	M	20 57 28	15 22 13	16 13	11 ♒ 17 57	1 19	18 39	25 45	17 11 56	17 26
5	T	21 01 24	16 23 05	15 55	23 05 52	2 20	16 01	25 42	29 00 01	14 27
6	W	21 05 21	17 23 56	15 37	4 ♓ 54 37	3 15	12 44	25 38	10 ♓ 49 56	10 53
7	Th	21 09 17	18 24 45	15 18	16 46 14	4 02	8 56	25 35	22 43 48	6 53
8	F	21 13 14	19 25 33	15 00	28 42 55	4 38	4 46	25 32	4 ♈ 43 55	2 S 35
9	S	21 17 10	20 26 20	14 40	10 ♈ 47 09	5 03	0 S 22	25 29	16 52 59	1 N51
10	Su	21 21 07	21 27 05	14 21	23 01 49	5 14	4 N05	25 26	29 14 04	6 18
11	M	21 25 04	22 27 48	14 01	5 ♉ 30 10	5 10	8 28	25 22	11 ♉ 50 34	10 34
12	T	21 29 00	23 28 30	13 42	18 15 43	4 52	12 35	25 19	24 46 02	14 29
13	W	21 32 57	24 29 10	13 21	1 ♊ 21 56	4 18	16 13	25 16	8 ♊ 03 47	17 47
14	Th	21 36 53	25 29 49	13 01	14 51 53	3 29	19 07	25 13	21 46 27	20 12
15	F	21 40 50	26 30 26	12 41	28 47 35	2 26	21 00	25 10	5 ♋ 55 16	21 28
16	S	21 44 46	27 31 01	12 20	13 ♋ 09 18	1 S 13	21 35	25 07	20 29 19	21 20
17	Su	21 48 43	28 31 34	11 59	27 54 48	0 N08	20 42	25 03	5 ♌ 24 58	19 42
18	M	21 52 39	29 ♒ 32 06	11 38	12 ♌ 58 56	1 29	18 20	25 00	20 35 35	16 39
19	T	21 56 36	0 ♓ 32 36	11 17	28 13 42	2 45	14 40	24 57	5 ♍ 51 59	12 26
20	W	22 00 33	1 33 05	10 55	13 ♍ 29 06	3 49	10 01	24 54	21 03 42	7 27
21	Th	22 04 29	2 33 32	10 34	28 34 36	4 36	4 N47	24 51	6 ♎ 00 40	2 N05
22	F	22 08 26	3 33 57	10 12	13 ♎ 20 58	5 04	0 S 36	24 48	20 34 48	3 S 15
23	S	22 12 22	4 34 21	9 50	27 41 38	5 11	5 48	24 44	4 ♏ 41 10	8 15
24	Su	22 16 19	5 34 44	9 28	11 ♏ 33 16	5 00	10 32	24 41	18 18 03	12 39
25	M	22 20 15	6 35 05	9 06	24 55 42	4 33	14 35	24 38	1 ♐ 26 36	16 18
26	T	22 24 12	7 35 25	8 43	7 ♐ 51 11	3 52	17 48	24 35	14 10 00	19 03
27	W	22 28 08	8 35 44	8 21	20 23 37	3 01	20 04	24 32	26 32 39	20 50
28	Th	22 32 05	9 ♓ 36 01	7 S 58	2 ♑ 37 42	2 N04	21 S 21	24 ♋ 28	8 ♑ 39 24	21 S 36

D M	Mercury Lat.	Mercury Dec.		Venus Lat.	Venus Dec.		Mars Lat.	Mars Dec.		Jupiter Lat.	Jupiter Dec.
	° ′	° ′	° ′	° ′	° ′	° ′	° ′	° ′	° ′	° ′	° ′
1	2 S 04	18 S 36	18 S 04	2 N 33	20 S 51	20 S 56	0 N 18	8 N 34	8 N 50	0 N 37	22 S 16
3	2 01	17 30	16 55	2 26	21 00	21 03	0 20	9 06	9 21	0 37	22 18
5	1 57	16 18	15 40	2 20	21 06	21 08	0 22	9 37	9 53	0 37	22 19
7	1 50	15 01	14 20	2 13	21 10	21 11	0 23	10 09	10 24	0 37	22 21
9	1 40	13 38	12 55	2 05	21 12	21 12	0 25	10 40	10 55	0 37	22 23
11	1 28	12 11	11 25	1 58	21 11	21 10	0 27	11 11	11 26	0 37	22 24
13	1 14	10 38	9 51	1 51	21 09	21 06	0 28	11 41	11 56	0 37	22 25
15	0 57	9 03	8 14	1 43	21 04	21 00	0 30	12 11	12 26	0 37	22 27
17	0 37	7 25	6 35	1 35	20 56	20 52	0 31	12 41	12 55	0 37	22 28
19	0 S 14	5 46	4 57	1 27	20 47	20 41	0 33	13 10	13 24	0 37	22 29
21	0 N 11	4 09	3 21	1 20	20 35	20 28	0 34	13 39	13 53	0 37	22 30
23	0 38	2 35	1 51	1 12	20 21	20 13	0 36	14 07	14 21	0 37	22 31
25	1 07	1 S 09	0 S 29	1 04	20 04	19 55	0 37	14 35	14 48	0 37	22 32
27	1 36	0 N 08	0 N 42	0 56	19 46	19 35	0 38	15 02	15 16	0 37	22 33
29	2 05	1 13	1 N 40	0 48	19 25	19 S 13	0 40	15 29	15 N 42	0 37	22 34
31	2 N 33	2 N 02		0 N 40	19 S 01		0 N 41	15 N 55		0 N 37	22 S 35

FIRST QUARTER–Feb.12,22h.26m. (23°♉55′)

FULL MOON–Feb.19,15h.54m. (0°♍42′)

D M	☿ Long.	♀ Long.	♂ Long.	♃ Long.	♄ Long.	♅ Long.	♆ Long.	♇ Long.	Lunar Aspects ☉	☿	♀	♂	♃	♄	♅	♆	♇
	° ′	° ′	° ′	° ′	° ′	° ′	° ′	° ′									
1	14♒02	27♐14	21♈14	17♐51	15♑01	28♈53	14♓57	21♑39									
2	15 47	28 22	21 55	18 02	15 07	28 54	14 59	21 41	⊻	⊻		□	⊻	●		✱	☌
3	17 32	29♐30	22 35	18 12	15 14	28 56	15 01	21 43			⊻		∠		□	∠	
4	19 18	0♑39	23 16	18 22	15 20	28 57	15 03	21 44	☌		∠			⊻		⊻	
5	21 05	1 47	23 57	18 32	15 27	28 59	15 05	21 46		☌		✱	✱		✱		⊻
6	22 52	2 56	24 37	18 42	15 33	29 00	15 07	21 48			✱	∠		∠			∠
7	24 40	4 05	25 18	18 51	15 39	29 02	15 09	21 50	⊻				□	✱	∠	☌	✱
8	26 28	5 14	25 58	19 01	15 46	29 03	15 11	21 52		⊻		⊻			⊻		
9	28♒17	6 23	26 39	19 11	15 52	29 05	15 13	21 54	∠	∠	□			□		⊻	
10	0♓05	7 32	27 20	19 20	15 58	29 07	15 15	21 56	✱			☌	△		☌		□
11	1 54	8 41	28 00	19 29	16 04	29 09	15 17	21 57		✱	△		⚻			∠	
12	3 42	9 51	28 41	19 39	16 11	29 10	15 19	21 59	□					△		✱	△
13	5 31	11 00	29♈21	19 48	16 17	29 12	15 21	22 01		□	⚻	⊻		⚻	⊻		⚻
14	7 18	12 10	0♉02	19 57	16 23	29 14	15 24	22 03				∠	☍		∠	□	
15	9 05	13 20	0 42	20 05	16 29	29 16	15 26	22 04	△			✱			✱		
16	10 50	14 29	1 23	20 14	16 35	29 18	15 28	22 06	⚻	△	☍			☍		△	
17	12 34	15 39	2 04	20 23	16 41	29 20	15 30	22 08		⚻		□			□	⚻	☍
18	14 17	16 49	2 44	20 31	16 46	29 22	15 32	22 10					⚻				
19	15 56	18 00	3 25	20 40	16 52	29 24	15 35	22 11	☍		⚻	△	△	⚻	△		
20	17 33	19 10	4 05	20 48	16 58	29 26	15 37	22 13		☍	△	⚻	□	△	⚻	☍	⚻
21	19 06	20 20	4 45	20 56	17 04	29 29	15 39	22 15									△
22	20 36	21 31	5 26	21 04	17 09	29 31	15 41	22 16	⚻					□			
23	22 00	22 41	6 06	21 12	17 15	29 33	15 44	22 18			□		✱		☍	⚻	□
24	23 20	23 52	6 47	21 19	17 20	29 35	15 46	22 19	△	⚻		☍	∠	✱		△	
25	24 33	25 02	7 27	21 27	17 26	29 38	15 48	22 21		△	✱		⊻				✱
26	25 40	26 13	8 07	21 34	17 31	29 40	15 50	22 23	□		∠			∠			∠
27	26 39	27 24	8 48	21 42	17 37	29 43	15 53	22 24				⚻	☌	⊻	⚻	□	⊻
28	27♓31	28♑35	9♉28	21♐49	17♑42	29♈45	15♓55	22♑26		□	⊻				△		

D M	Saturn Lat.	Saturn Dec.	Uranus Lat.	Uranus Dec.	Neptune Lat.	Neptune Dec.	Pluto Lat.	Pluto Dec.
	° ′	° ′	° ′	° ′	° ′	° ′	° ′	° ′
1	0N27	22S09	0S31	10N36	0S58	6S49	0S09	21S51
3	0 27	22 07	0 31	10 37	0 58	6 48	0 09	21 50
5	0 27	22 06	0 31	10 38	0 58	6 46	0 09	21 50
7	0 27	22 04	0 31	10 39	0 58	6 44	0 10	21 49
9	0 27	22 03	0 31	10 40	0 58	6 43	0 10	21 49
11	0 27	22 02	0 31	10 41	0 58	6 41	0 10	21 49
13	0 26	22 00	0 31	10 43	0 58	6 39	0 10	21 48
15	0 26	21 59	0 31	10 44	0 58	6 38	0 10	21 48
17	0 26	21 58	0 30	10 46	0 58	6 36	0 11	21 48
19	0 26	21 56	0 30	10 47	0 58	6 34	0 11	21 47
21	0 26	21 55	0 30	10 49	0 58	6 33	0 11	21 47
23	0 26	21 54	0 30	10 50	0 58	6 31	0 11	21 47
25	0 26	21 52	0 30	10 52	0 58	6 29	0 11	21 46
27	0 26	21 51	0 30	10 54	0 58	6 27	0 12	21 46
29	0 26	21 50	0 30	10 56	0 58	6 26	0 12	21 46
31	0N26	21S48	0S30	10N57	0S58	6S24	0S12	21S45

Mutual Aspects

1 ♂⊥♆.
2 ☉∠♀. ☿⊻♄. ☿⊻♆. ♀△♅. ♂□♇.
3 ☿✱♃. ☿Q♅.
4 ☉⊻♄. ☉⊻♆.
5 ☿⊥♄. ☿⊻♇.
6 ☉Q♅. ♀Q♆. ☉∥☿.
8 ☉✱♃. ☿✱♂.
9 ☿✱♅. ☿⊥♇. ♂∥♅.
10 ☉⊻♇.
11 ☉⊥♄. ☿Q♃. ☿∠♄.
12 ☿#♂.
13 ♂☌♅. ☿#♅.
14 ☿∠♇. 15 ♂∠♆.
16 ☉#♂.
17 ☉⊥♇. ♀✱♆.
18 ☉✱♅. ☿∠♅. ♀☌♄. ☿∥♆.
19 ☿☌♆.
20 ☉∠♄. ☿✱♄. ☉#♅.
21 ☉Q♃.
22 ☿∠♂. ☿□♃. ♀⊻♃.
23 ☿✱♇. ♀☌♇. ♂⚻♃.
24 ☿⊥♅. 26 ☉∠♇.
27 ♀⊥♃.
28 ☉✱♂.

LAST QUARTER–Feb.26,11h.28m. (7°♐34′)

NEW MOON–Mar. 6,16h.04m. (15° ♓ 47′)

D M	D W	Sidereal Time	☉ Long.	☉ Dec.	☽ Long.	☽ Lat.	☽ Dec.	☽ Node	24h. ☽ Long.	24h. ☽ Dec.
		h m s	° ′ ″	° ′	° ′ ″	° ′	° ′	° ′	° ′ ″	° ′
1	F	22 36 02	10 ♓ 36 16	7 S 35	14 ♑ 38 22	1 N02	21 S 37	24 ♋ 25	20 ♑ 35 09	21 S 22
2	S	22 39 58	11 36 31	7 13	26 30 19	0 S 03	20 53	24 22	2 ♒ 24 23	20 11
3	Su	22 43 55	12 36 43	6 50	8 ♒ 17 48	1 06	19 15	24 19	14 11 01	18 07
4	M	22 47 51	13 36 54	6 27	20 04 25	2 06	16 47	24 16	25 58 20	15 17
5	T	22 51 48	14 37 03	6 03	1 ♓ 53 04	3 01	13 37	24 13	7 ♓ 48 53	11 49
6	W	22 55 44	15 37 10	5 40	13 46 01	3 48	9 54	24 09	19 44 39	7 52
7	Th	22 59 41	16 37 15	5 17	25 44 58	4 26	5 45	24 06	1 ♈ 47 08	3 S 35
8	F	23 03 37	17 37 19	4 53	7 ♈ 51 17	4 52	1 S 21	24 03	13 57 36	0 N54
9	S	23 07 34	18 37 20	4 30	20 06 12	5 04	3 N09	24 00	26 17 15	5 24
10	Su	23 11 31	19 37 20	4 07	2 ♉ 30 58	5 03	7 36	23 57	8 ♉ 47 32	9 44
11	M	23 15 27	20 37 17	3 43	15 07 11	4 47	11 47	23 53	21 30 10	13 44
12	T	23 19 24	21 37 12	3 19	27 56 47	4 17	15 32	23 50	4 ♊ 27 18	17 09
13	W	23 23 20	22 37 05	2 56	11 ♊ 02 04	3 32	18 35	23 47	17 41 22	19 47
14	Th	23 27 17	23 36 56	2 32	24 25 31	2 35	20 44	23 44	1 ♋ 14 46	21 23
15	F	23 31 13	24 36 45	2 08	8 ♋ 09 21	1 28	21 43	23 41	15 09 23	21 43
16	S	23 35 10	25 36 31	1 45	22 14 55	0 S 14	21 22	23 38	29 25 53	20 40
17	Su	23 39 06	26 36 15	1 21	6 ♌ 42 01	1 N03	19 37	23 34	14 ♌ 02 57	18 13
18	M	23 43 03	27 35 57	0 57	21 28 05	2 17	16 30	23 31	28 56 40	14 31
19	T	23 47 00	28 35 37	0 34	6 ♍ 27 46	3 23	12 17	23 28	14 ♍ 00 19	9 50
20	W	23 50 56	29 ♓ 35 14	0 S 10	21 33 06	4 15	7 15	23 25	29 04 54	4 N33
21	Th	23 54 53	0 ♈ 34 49	0 N14	6 ♎ 34 28	4 49	1 N48	23 22	14 ♎ 00 34	0 S57
22	F	23 58 49	1 34 23	0 38	21 22 07	5 03	3 S 39	23 19	28 38 10	6 17
23	S	0 02 46	2 33 54	1 01	5 ♏ 47 57	4 57	8 47	23 15	12 ♏ 50 54	11 08
24	Su	0 06 42	3 33 24	1 25	19 46 41	4 33	13 18	23 12	26 35 08	15 15
25	M	0 10 39	4 32 52	1 48	3 ♐ 16 17	3 55	16 58	23 09	9 ♐ 50 22	18 26
26	T	0 14 35	5 32 18	2 12	16 17 42	3 05	19 40	23 06	22 38 46	20 37
27	W	0 18 32	6 31 42	2 36	28 54 07	2 08	21 18	23 03	5 ♑ 04 22	21 43
28	Th	0 22 29	7 31 05	2 59	11 ♑ 10 10	1 06	21 52	22 59	17 12 13	21 45
29	F	0 26 25	8 30 26	3 22	23 11 11	0 N03	21 24	22 56	29 07 47	20 48
30	S	0 30 22	9 29 45	3 46	5 ♒ 02 39	1 S 00	19 58	22 53	10 ♒ 56 27	18 56
31	Su	0 34 18	10 ♈ 29 02	4 N09	16 ♒ 49 47	1 S 59	17 S 41	22 ♋ 50	22 ♒ 43 12	16 S 15

D M	Mercury Lat.	Mercury Dec.		Venus Lat.	Venus Dec.		Mars Lat.	Mars Dec.		Jupiter Lat.	Jupiter Dec.
	° ′	° ′	° ′	° ′	° ′	° ′	° ′	° ′	° ′	° ′	° ′
1	2 N05	1 N13	1 N 40	0 N 48	19 S 25	19 S 13	0 N 40	15 N29	15 N 42	0 N 37	22 S 34
3	2 33	2 02	2 20	0 40	19 01	18 49	0 41	15 55	16 08	0 37	22 35
5	2 57	2 34	2 43	0 33	18 36	18 23	0 42	16 21	16 34	0 38	22 36
7	3 17	2 47	2 46	0 25	18 09	17 54	0 43	16 47	16 59	0 38	22 36
9	3 31	2 40	2 30	0 18	17 39	17 23	0 44	17 11	17 24	0 38	22 37
11	3 38	2 16	1 57	0 10	17 07	16 51	0 45	17 36	17 48	0 38	22 37
13	3 36	1 35	1 10	0 N 03	16 34	16 16	0 47	17 59	18 11	0 38	22 38
15	3 27	0 N42	0 N 13	0 S 04	15 58	15 40	0 48	18 22	18 34	0 38	22 38
17	3 11	0 S18	0 S 49	0 11	15 21	15 02	0 49	18 45	18 56	0 38	22 39
19	2 48	1 21	1 52	0 17	14 42	14 22	0 50	19 07	19 18	0 38	22 39
21	2 21	2 21	2 50	0 24	14 02	13 41	0 51	19 28	19 38	0 38	22 39
23	1 52	3 17	3 41	0 30	13 19	12 58	0 52	19 49	19 59	0 38	22 40
25	1 21	4 04	4 24	0 36	12 36	12 13	0 52	20 09	20 18	0 38	22 40
27	0 50	4 41	4 57	0 42	11 50	11 27	0 53	20 28	20 37	0 38	22 40
29	0 N21	5 09	5 S 19	0 48	11 04	10 S 40	0 54	20 47	20 N 56	0 38	22 40
31	0 S07	5 S27		0 S 53	10 S 16		0 N 55	21 N05		0 N 38	22 S 41

FIRST QUARTER–Mar.14,10h.27m. (23° ♊ 33′)

FULL MOON – Mar.21,01h.43m. (0°♎09′)

D M	☿ Long.	♀ Long.	♂ Long.	♃ Long.	♄ Long.	♅ Long.	♆ Long.	♇ Long.
	° ′	° ′	° ′	° ′	° ′	° ′	° ′	° ′
1	28♓14	29♑46	10♉08	21♐56	17♑47	29♈47	15♓57	22♑27
2	28 49	0♒57	10 49	22 03	17 52	29 50	15 59	22 29
3	29 15	2 08	11 29	22 09	17 57	29 53	16 02	22 30
4	29 32	3 19	12 09	22 16	18 02	29 55	16 04	22 31
5	29 39	4 30	12 50	22 22	18 07	29♈58	16 06	22 33
6	29R 36	5 42	13 30	22 29	18 12	0♉00	16 08	22 34
7	29 25	6 53	14 10	22 35	18 17	0 03	16 11	22 36
8	29 05	8 04	14 50	22 41	18 22	0 06	16 13	22 37
9	28 37	9 16	15 31	22 46	18 26	0 09	16 15	22 38
10	28 01	10 27	16 11	22 52	18 31	0 11	16 18	22 39
11	27 19	11 39	16 51	22 57	18 35	0 14	16 20	22 41
12	26 31	12 51	17 31	23 03	18 40	0 17	16 22	22 42
13	25 39	14 02	18 11	23 08	18 44	0 20	16 24	22 43
14	24 44	15 14	18 51	23 13	18 48	0 23	16 27	22 44
15	23 47	16 26	19 31	23 18	18 53	0 26	16 29	22 46
16	22 49	17 37	20 11	23 22	18 57	0 29	16 31	22 47
17	21 53	18 49	20 51	23 27	19 01	0 32	16 33	22 48
18	20 58	20 01	21 31	23 31	19 05	0 35	16 36	22 49
19	20 06	21 13	22 11	23 35	19 09	0 38	16 38	22 50
20	19 17	22 25	22 51	23 39	19 12	0 41	16 40	22 51
21	18 34	23 37	23 31	23 43	19 16	0 44	16 42	22 52
22	17 55	24 49	24 11	23 47	19 20	0 47	16 45	22 53
23	17 22	26 01	24 51	23 50	19 23	0 50	16 47	22 54
24	16 55	27 13	25 31	23 53	19 27	0 53	16 49	22 55
25	16 34	28 25	26 11	23 56	19 30	0 56	16 51	22 56
26	16 18	29♒37	26 51	23 59	19 34	0 59	16 53	22 57
27	16 09	0♓49	27 31	24 02	19 37	1 03	16 56	22 57
28	16 06	2 01	28 10	24 05	19 40	1 06	16 58	22 58
29	16D 08	3 13	28 50	24 07	19 43	1 09	17 00	22 59
30	16 16	4 26	29♉30	24 09	19 46	1 12	17 02	23 00
31	16♓29	5♓38	0♊10	24♐11	19♑49	1♉16	17♓04	23♑00

Lunar Aspects

D	☉	☿	♀	♂	♃	♄	♅	♆	♇
1	✱			△		●		✱	
2	∠	✱	☌		⚺		□	∠	☌
3	⚺			□	∠				
4		∠			✱	⚺		⚺	⚺
5		⚺	⚺			∠	✱		∠
6	☌			✱		✱	∠	☌	
7		☌	∠	∠	□		⚺		✱
8			✱						
9	⚺			⚺	△	□		⚺	□
10	∠	⚺			⚼		☌	∠	
11	✱	∠	□	☌		△		✱	
12		✱				⚼	⚺		△
13			△				∠	□	⚼
14	□	□	⚼	⚺	☍		✱		
15				∠					
16	△	△		✱		☍		△	☍
17	⚼	⚼			⚼		□	⚼	
18			☍	□	△				
19						⚼	△		⚼
20		☍		△	□	△	⚼	☍	△
21	☍		⚼	⚼					
22			△		✱	□			□
23		⚼			∠		☍	⚼	
24	⚼	△		☍	⚺	✱		△	✱
25	△		□			∠			∠
26		□				⚺	⚼	□	
27			✱		☌		△		⚺
28	□	✱		⚼				✱	
29			∠		⚺	●			☌
30	✱	∠	⚺	△	∠		□	∠	
31		⚺				⚺		⚺	

D M	Saturn Lat.	Saturn Dec.	Uranus Lat.	Uranus Dec.	Neptune Lat.	Neptune Dec.	Pluto Lat.	Pluto Dec.
	° ′	° ′	° ′	° ′	° ′	° ′	° ′	° ′
1	0N26	21S50	0S30	10N56	0S58	6S26	0S12	21S46
3	0 26	21 48	0 30	10 57	0 58	6 24	0 12	21 45
5	0 26	21 47	0 30	10 59	0 58	6 22	0 12	21 45
7	0 26	21 46	0 30	11 01	0 58	6 20	0 12	21 45
9	0 25	21 45	0 30	11 03	0 58	6 19	0 13	21 45
11	0 25	21 44	0 30	11 05	0 58	6 17	0 13	21 44
13	0 25	21 43	0 30	11 07	0 58	6 15	0 13	21 44
15	0 25	21 41	0 30	11 09	0 58	6 13	0 13	21 44
17	0 25	21 40	0 30	11 11	0 58	6 12	0 13	21 44
19	0 25	21 39	0 30	11 14	0 58	6 10	0 13	21 44
21	0 25	21 38	0 30	11 16	0 58	6 08	0 14	21 43
23	0 25	21 37	0 30	11 18	0 58	6 06	0 14	21 43
25	0 25	21 36	0 30	11 20	0 58	6 05	0 14	21 43
27	0 25	21 36	0 30	11 22	0 58	6 03	0 14	21 43
29	0 25	21 35	0 30	11 25	0 58	6 01	0 14	21 43
31	0N25	21S34	0S30	11N27	0S58	6S00	0S15	21S43

Mutual Aspects

1 ♀□♅.
2 ♀∠♆.
4 ☉‖♆.
5 ☉∠♅. ☿Stat.
7 ☉☌♆. ☿∠♂. ♃⚺♇.
8 ♀∠♃. 9 ☉✱♄.
10 ♀⊥♆. ♂✱♆. ♀#♂. ♄‖♇.
11 ☿∠♀. ♂±♃.
13 ☉✱♇.
14 ☉□♃. ☿⊥♅. ♂△♄.
15 ☉☌☿. ☉⊥♅. ☿□♃. ♀⚺♆.
16 ☿⊥♀. ☿✱♇.
17 ♀⚺♄. ♀Q♅.
18 ☿⚺♀. ☿✱♂. ☉‖☿.
20 ☿✱♄. ♀⚺♇. ♂△♇.
21 ☉⚺♅. ♀□♂. ♀✱♃. ♂▽♃.
22 ☉Q♄. ♀⊥♄.
24 ☿☌♆.
25 ☉Q♇. ♀⊥♇.
26 ☉⊥♀. 27 ♀✱♅.
28 ☿Q♂. ☿∠♅. ♀#♅. ☿Stat.
29 ☿∠♅. ♂Q♆.
30 ♀∠♄. 31 ♀Q♃.

LAST QUARTER – Mar.28,04h.10m. (7°♑12′)

NEW MOON–Apr. 5,08h.50m. (15°♈17′)

D M	D W	Sidereal Time	☉ Long.	☉ Dec.	☽ Long.	☽ Lat.	☽ Dec.	☽ Node	24h. ☽ Long.	24h. ☽ Dec.
		h m s	° ′ ″	° ′	° ′ ″	° ′	° ′	° ′	° ′ ″	° ′
1	M	0 38 15	11 ♈ 28 17	4 N32	28 ♒ 37 13	2 S54	14 S40	22 ♋ 47	4 ♓ 32 19	12 S55
2	T	0 42 11	12 27 31	4 55	10 ♓ 28 54	3 41	11 02	22 44	16 27 18	9 02
3	W	0 46 08	13 26 42	5 18	22 27 50	4 18	6 57	22 40	28 30 44	4 46
4	Th	0 50 04	14 25 52	5 41	4 ♈ 36 09	4 45	2 S32	22 37	10 ♈ 44 15	0 S15
5	F	0 54 01	15 24 59	6 04	16 55 06	4 58	2 N03	22 34	23 08 45	4 N21
6	S	0 57 58	16 24 05	6 27	29 25 13	4 58	6 37	22 31	5 ♉ 44 30	8 50
7	Su	1 01 54	17 23 08	6 50	12 ♉ 06 36	4 43	10 58	22 28	18 31 29	13 01
8	M	1 05 51	18 22 09	7 12	24 59 11	4 13	14 55	22 25	1 ♊ 29 42	16 39
9	T	1 09 47	19 21 09	7 34	8 ♊ 03 05	3 30	18 12	22 21	14 39 24	19 31
10	W	1 13 44	20 20 06	7 57	21 18 46	2 35	20 35	22 18	28 01 18	21 22
11	Th	1 17 40	21 19 00	8 19	4 ♋ 47 09	1 30	21 51	22 15	11 ♋ 36 26	22 01
12	F	1 21 37	22 17 53	8 41	18 29 20	0 S19	21 51	22 12	25 25 56	21 21
13	S	1 25 33	23 16 43	9 03	2 ♌ 26 18	0 N55	20 30	22 09	9 ♌ 30 28	19 20
14	Su	1 29 30	24 15 31	9 24	16 38 20	2 06	17 51	22 05	23 49 42	16 05
15	M	1 33 27	25 14 16	9 46	1 ♍ 04 16	3 11	14 04	22 02	8 ♍ 21 33	11 49
16	T	1 37 23	26 12 59	10 07	15 40 59	4 03	9 23	21 59	23 01 50	6 48
17	W	1 41 20	27 11 40	10 28	0 ♎ 23 16	4 40	4 N08	21 56	7 ♎ 44 20	1 N24
18	Th	1 45 16	28 10 19	10 49	15 04 06	4 59	1 S20	21 53	22 21 32	4 S03
19	F	1 49 13	29 ♈ 08 56	11 10	29 35 43	4 57	6 41	21 50	6 ♏ 45 45	9 12
20	S	1 53 09	0 ♉ 07 31	11 31	13 ♏ 50 52	4 38	11 34	21 46	20 50 26	13 45
21	Su	1 57 06	1 06 04	11 51	27 44 00	4 02	15 43	21 43	4 ♐ 31 15	17 27
22	M	2 01 02	2 04 35	12 12	11 ♐ 12 04	3 13	18 56	21 40	17 46 29	20 08
23	T	2 04 59	3 03 05	12 32	24 14 39	2 16	21 03	21 37	0 ♑ 36 53	21 41
24	W	2 08 56	4 01 33	12 52	6 ♑ 53 35	1 13	22 03	21 34	13 05 16	22 07
25	Th	2 12 52	5 00 00	13 11	19 12 31	0 N08	21 56	21 31	25 15 55	21 28
26	F	2 16 49	5 58 25	13 31	1 ♒ 16 09	0 S56	20 47	21 27	7 ♒ 13 54	19 51
27	S	2 20 45	6 56 48	13 50	13 09 50	1 56	18 43	21 24	19 04 38	17 23
28	Su	2 24 42	7 55 09	14 09	24 59 00	2 51	15 53	21 21	0 ♓ 53 32	14 13
29	M	2 28 38	8 53 29	14 28	6 ♓ 48 52	3 39	12 24	21 18	12 45 33	10 27
30	T	2 32 35	9 ♉ 51 48	14 N46	18 ♓ 44 08	4 S18	8 S24	21 ♋ 15	24 ♓ 45 04	6 S15

D M	Mercury Lat.	Mercury Dec.		Venus Lat.	Venus Dec.		Mars Lat.	Mars Dec.		Jupiter Lat.	Jupiter Dec.
	° ′	° ′	° ′	° ′	° ′	° ′	° ′	° ′	° ′	° ′	° ′
1	0 S21	5 S32	5 S35	0 S56	9 S52	9 S27	0 N55	21 N13	21 N22	0 N38	22 S41
3	0 46	5 35	5 33	1 01	9 02	8 37	0 56	21 30	21 38	0 38	22 41
5	1 08	5 29	5 23	1 05	8 12	7 46	0 57	21 46	21 54	0 38	22 41
7	1 28	5 14	5 04	1 10	7 20	6 54	0 58	22 02	22 09	0 38	22 41
9	1 46	4 52	4 38	1 14	6 28	6 02	0 58	22 17	22 24	0 38	22 41
11	2 01	4 22	4 05	1 18	5 35	5 08	0 59	22 31	22 38	0 38	22 41
13	2 14	3 45	3 25	1 21	4 41	4 14	1 00	22 44	22 51	0 38	22 41
15	2 25	3 02	2 38	1 25	3 47	3 19	1 00	22 57	23 03	0 38	22 41
17	2 33	2 13	1 46	1 27	2 52	2 24	1 01	23 09	23 14	0 38	22 41
19	2 39	1 18	0 S49	1 30	1 57	1 29	1 01	23 20	23 25	0 38	22 41
21	2 42	0 S18	0 N14	1 32	1 01	0 S33	1 02	23 30	23 35	0 38	22 40
23	2 44	0 N47	1 21	1 34	0 S05	0 N23	1 03	23 40	23 44	0 38	22 40
25	2 43	1 56	2 33	1 36	0 N51	1 19	1 03	23 48	23 53	0 38	22 40
27	2 40	3 10	3 48	1 38	1 47	2 15	1 04	23 56	24 00	0 38	22 40
29	2 35	4 28	5 N08	1 39	2 43	3 N11	1 04	24 04	24 N07	0 38	22 40
31	2 S28	5 N49		1 S39	3 N39		1 N05	24 N10		0 N38	22 S39

FIRST QUARTER–Apr.12,19h.06m. (22°♋35′)

FULL MOON – Apr.19,11h.12m. (29°♎07′)

EPHEMERIS]					APRIL 2019													9
D	☿	♀	♂	♃	♄	♅	♆	♇	Lunar Aspects									
M	Long.	Long.	Long.	Long.	Long.	Long.	Long.	Long.	☉	☿	♀	♂	♃	♄	♅	♆	♇
	° ′	° ′	° ′	° ′	° ′	° ′	° ′	° ′									
1	16♓48	6♓50	0♊49	24♐13	19♑52	1♉19	17♓06	23♑01	∠			□	⚹		⚹		⚺
2	17 11	8 02	1 29	24 15	19 54	1 22	17 08	23 02	⚺		☌			∠	∠		∠
3	17 39	9 15	2 09	24 16	19 57	1 25	17 11	23 02		☌			□	⚹		☌	⚹
4	18 11	10 27	2 48	24 17	19 59	1 29	17 13	23 03				⚹			⚺		
5	18 47	11 40	3 28	24 18	20 02	1 32	17 15	23 04	☌	⚺	⚺	∠		□		⚺	□
6	19 27	12 52	4 08	24 19	20 04	1 35	17 17	23 04		∠	∠	⚺	△		☌	∠	
7	20 11	14 04	4 47	24 20	20 06	1 39	17 19	23 05	⚺		⚹		⚼			⚹	
8	20 59	15 17	5 27	24 21	20 08	1 42	17 21	23 05		⚹				△			△
9	21 50	16 29	6 06	24 21	20 11	1 46	17 23	23 06	∠			☌		⚼	⚺		⚼
10	22 43	17 42	6 46	24 21	20 12	1 49	17 25	23 06	⚹	□	□		☍		∠	□	
11	23 40	18 54	7 25	24R 21	20 14	1 52	17 27	23 07				⚺			⚹		
12	24 40	20 07	8 05	24 21	20 16	1 56	17 29	23 07	□	△	△	∠		☍		△	☍
13	25 43	21 19	8 44	24 20	20 18	1 59	17 31	23 07			⚼	⚹	⚼		□	⚼	
14	26 48	22 32	9 24	24 20	20 19	2 03	17 33	23 08		⚼							
15	27 56	23 44	10 03	24 19	20 21	2 06	17 35	23 08	△				△	⚼	△		⚼
16	29♓06	24 57	10 42	24 18	20 22	2 09	17 36	23 08	⚼			□		△	⚼	☍	
17	0♈18	26 10	11 22	24 17	20 23	2 13	17 38	23 08		☍	☍		□				△
18	1 33	27 22	12 01	24 15	20 25	2 16	17 40	23 09				△		□			
19	2 50	28 35	12 40	24 14	20 26	2 20	17 42	23 09	☍			⚼	⚹		☍	⚼	□
20	4 09	29♓47	13 20	24 12	20 27	2 23	17 44	23 09		⚼	⚼		∠	⚹		△	
21	5 30	1♈00	13 59	24 10	20 28	2 27	17 46	23 09			△		⚺				⚹
22	6 53	2 13	14 38	24 08	20 28	2 30	17 47	23 09	⚼	△		☍		∠	⚼		∠
23	8 18	3 25	15 17	24 06	20 29	2 34	17 49	23 09					☌	⚺		□	⚺
24	9 44	4 38	15 57	24 03	20 30	2 37	17 51	23 09	△	□	□				△		
25	11 13	5 51	16 36	24 01	20 30	2 40	17 52	23R 09					⚺	☌		⚹	☌
26	12 44	7 03	17 15	23 58	20 31	2 44	17 54	23 09	□			⚼			□	∠	
27	14 16	8 16	17 54	23 55	20 31	2 47	17 56	23 09		⚹	⚹	△	∠			⚺	
28	15 50	9 29	18 33	23 52	20 31	2 51	17 57	23 09			∠		⚹	⚺			⚺
29	17 27	10 42	19 12	23 48	20 31	2 54	17 59	23 09	⚹	∠	⚺			∠	⚹		∠
30	19♈05	11♈54	19♊51	23♐45	20♑31 R	2♉58	18♓01	23♑09		⚺		□	□	⚹	∠	☌	⚹

D	Saturn		Uranus		Neptune		Pluto	
M	Lat.	Dec.	Lat.	Dec.	Lat.	Dec.	Lat.	Dec.
	° ′	° ′	° ′	° ′	° ′	° ′	° ′	° ′
1	0N25	21S34	0S29	11N28	0S58	5S59	0S15	21S43
3	0 25	21 33	0 29	11 30	0 58	5 57	0 15	21 43
5	0 24	21 32	0 29	11 33	0 58	5 56	0 15	21 43
7	0 24	21 32	0 29	11 35	0 58	5 54	0 15	21 43
9	0 24	21 31	0 29	11 37	0 58	5 53	0 16	21 43
11	0 24	21 31	0 29	11 40	0 58	5 51	0 16	21 43
13	0 24	21 30	0 29	11 42	0 58	5 50	0 16	21 43
15	0 24	21 30	0 29	11 45	0 58	5 48	0 16	21 43
17	0 24	21 30	0 29	11 47	0 59	5 47	0 16	21 43
19	0 24	21 29	0 29	11 49	0 59	5 46	0 17	21 43
21	0 24	21 29	0 29	11 52	0 59	5 44	0 17	21 44
23	0 24	21 29	0 29	11 54	0 59	5 43	0 17	21 44
25	0 24	21 29	0 29	11 56	0 59	5 42	0 17	21 44
27	0 24	21 29	0 29	11 59	0 59	5 40	0 17	21 44
29	0 24	21 29	0 29	12 01	0 59	5 39	0 18	21 44
31	0N23	21S29	0S29	12N04	0S59	5S38	0S18	21S45

Mutual Aspects

2 ☿☌♆. ♀∠♇. ♂⚺♅.
3 ♂⫲♄. 4 ☉⫲☿.
5 ☉⫲♆. ♂⫲♇.
7 ☉⚺♆. ☿⚹♄.
8 ♂⚼♄. ☉⫲♀.
9 ♀∠♅.
10 ☉□♄. ☿⚹♇. ♀☌♆. ♀∥♆. ♃Stat.
12 ☿□♃. ♀⚹♄. ♂⊥♅. ♂⚼♇. ♂⫲♃.
13 ☉⊥♆. ☉□♇. ☿⊥♅.
14 ☉∠♂. ☉△♃. ♀⚹♇.
15 ☿Q♂. ♀□♃.
17 ♀⊥♅.
19 ☿Q♄. ☿⚺♅.
21 ☉⚺♀. ☿Q♇. ☉∥♅.
22 ☉☌♅. ♀Q♄. ♀⚺♅. ♂±♄. ☿⫲♀.
23 ☉∠♆. ♀Q♂.
24 ♀Q♇. ♇Stat.
26 ♂±♇.
27 ♂∠♅. ♂□♆.
29 ☉⚼♃. ☿⚺♆.
30 ♄Stat.

LAST QUARTER – Apr.26,22h.18m. (6°♒23′)

NEW MOON–May 4,22h.45m. (14° ♉ 11′)

D M	D W	Sidereal Time h m s	☉ Long. ° ′ ″	☉ Dec. ° ′	☽ Long. ° ′ ″	☽ Lat. ° ′	☽ Dec. ° ′	☽ Node ° ′	24h. ☽ Long. ° ′ ″	24h. ☽ Dec. ° ′
1	W	2 36 31	10 ♉ 50 05	15 N04	0 ♈ 48 46	4 S45	4 S02	21 ♋ 11	6 ♈ 55 33	1 S45
2	Th	2 40 28	11 48 20	15 22	13 05 42	5 00	0 N34	21 08	19 19 24	2 N54
3	F	2 44 25	12 46 33	15 40	25 36 47	5 01	5 14	21 05	1 ♉ 57 54	7 31
4	S	2 48 21	13 44 45	15 58	8 ♉ 22 44	4 47	9 46	21 02	14 51 12	11 55
5	Su	2 52 18	14 42 56	16 15	21 23 12	4 18	13 57	20 59	27 58 33	15 50
6	M	2 56 14	15 41 04	16 32	4 ♊ 37 04	3 35	17 32	20 56	11 ♊ 18 34	19 02
7	T	3 00 11	16 39 11	16 49	18 02 49	2 39	20 16	20 52	24 49 39	21 13
8	W	3 04 07	17 37 16	17 05	1 ♋ 38 52	1 33	21 53	20 49	8 ♋ 30 20	22 12
9	Th	3 08 04	18 35 20	17 21	15 23 56	0 S21	22 12	20 46	22 19 33	21 51
10	F	3 12 00	19 33 21	17 37	29 17 06	0 N53	21 10	20 43	6 ♌ 16 32	20 09
11	S	3 15 57	20 31 21	17 53	13 ♌ 17 46	2 05	18 49	20 40	20 20 43	17 12
12	Su	3 19 54	21 29 18	18 08	27 25 16	3 09	15 19	20 37	4 ♍ 31 15	13 13
13	M	3 23 50	22 27 14	18 23	11 ♍ 38 28	4 02	10 56	20 33	18 46 37	8 29
14	T	3 27 47	23 25 08	18 38	25 55 21	4 41	5 55	20 30	3 ♎ 04 15	3 N16
15	W	3 31 43	24 23 00	18 52	10 ♎ 12 48	5 02	0 N35	20 27	17 20 27	2 S06
16	Th	3 35 40	25 20 50	19 06	24 26 37	5 04	4 S45	20 24	1 ♏ 30 41	7 20
17	F	3 39 36	26 18 39	19 20	8 ♏ 32 01	4 48	9 48	20 21	15 30 04	12 07
18	S	3 43 33	27 16 26	19 33	22 24 16	4 15	14 15	20 17	29 14 10	16 11
19	Su	3 47 29	28 14 12	19 46	5 ♐ 59 23	3 28	17 53	20 14	12 ♐ 39 40	19 20
20	M	3 51 26	29 ♉ 11 56	19 59	19 14 51	2 31	20 30	20 11	25 44 53	21 23
21	T	3 55 23	0 ♊ 09 39	20 11	2 ♑ 09 48	1 27	21 58	20 08	8 ♑ 29 48	22 16
22	W	3 59 19	1 07 21	20 23	14 45 08	0 N20	22 17	20 05	20 56 08	22 02
23	Th	4 03 16	2 05 02	20 35	27 03 14	0 S46	21 30	20 02	3 ♒ 06 55	20 44
24	F	4 07 12	3 02 42	20 46	9 ♒ 07 42	1 49	19 44	19 58	15 06 11	18 31
25	S	4 11 09	4 00 21	20 57	21 02 57	2 47	17 07	19 55	26 58 39	15 33
26	Su	4 15 05	4 57 59	21 07	2 ♓ 53 55	3 37	13 49	19 52	8 ♓ 49 23	11 57
27	M	4 19 02	5 55 35	21 18	14 45 41	4 18	9 58	19 49	20 43 26	7 53
28	T	4 22 58	6 53 11	21 27	26 43 14	4 48	5 43	19 46	2 ♈ 45 37	3 S28
29	W	4 26 55	7 50 46	21 37	8 ♈ 51 07	5 06	1 S11	19 42	15 00 11	1 N09
30	Th	4 30 52	8 48 20	21 46	21 13 12	5 10	3 N29	19 39	27 30 31	5 49
31	F	4 34 48	9 ♊ 45 53	21 N55	3 ♉ 52 21	4 S59	8 N07	19 ♋ 36	10 ♉ 18 52	10 N21

D M	Mercury Lat. ° ′	Mercury Dec. ° ′	Mercury Dec. ° ′	Venus Lat. ° ′	Venus Dec. ° ′	Venus Dec. ° ′	Mars Lat. ° ′	Mars Dec. ° ′	Mars Dec. ° ′	Jupiter Lat. ° ′	Jupiter Dec. ° ′
1	2 S28	5 N49	6 N 31	1 S 39	3 N39	4 N07	1 N 05	24 N10	24 N 13	0 N 38	22 S 39
3	2 18	7 13	7 57	1 40	4 35	5 03	1 05	24 16	24 18	0 38	22 39
5	2 07	8 41	9 25	1 40	5 30	5 58	1 05	24 21	24 23	0 38	22 39
7	1 53	10 10	10 56	1 40	6 26	6 53	1 06	24 25	24 27	0 38	22 38
9	1 38	11 41	12 27	1 39	7 20	7 47	1 06	24 28	24 30	0 38	22 38
11	1 21	13 14	14 00	1 39	8 14	8 41	1 07	24 31	24 32	0 38	22 37
13	1 03	14 46	15 31	1 38	9 08	9 34	1 07	24 32	24 33	0 37	22 37
15	0 43	16 17	17 01	1 37	10 00	10 26	1 07	24 33	24 34	0 37	22 36
17	0 23	17 45	18 28	1 35	10 52	11 17	1 08	24 34	24 33	0 37	22 36
19	0 S02	19 10	19 50	1 33	11 43	12 08	1 08	24 33	24 32	0 37	22 35
21	0 N20	20 29	21 06	1 31	12 33	12 57	1 08	24 32	24 31	0 37	22 35
23	0 40	21 41	22 14	1 29	13 21	13 45	1 08	24 29	24 28	0 37	22 34
25	0 59	22 45	23 13	1 26	14 09	14 32	1 09	24 26	24 25	0 37	22 33
27	1 17	23 39	24 02	1 24	14 55	15 17	1 09	24 23	24 21	0 36	22 32
29	1 32	24 22	24 N 40	1 21	15 40	16 N01	1 09	24 18	24 N 16	0 36	22 32
31	1 N45	24 N55		1 S 17	16 N23		1 N 09	24 N13		0 N 36	22 S 31

FIRST QUARTER–May 12,01h.12m. (21° ♌ 03′)

D M	☿ Long.	♀ Long.	♂ Long.	♃ Long.	♄ Long.	♅ Long.	♆ Long.	♇ Long.	☉	☿	♀	♂	♃	♄	♅	♆	♇
	° ′	° ′	° ′	° ′	° ′	° ′	° ′	° ′	Lunar Aspects								
1	20♈44	13♈07	20♊31	23♐41	20♑31	3♉01	18♓02	23♑08	∠						⊻		
2	22 26	14 20	21 10	23R 37	20R 31	3 04	18 04	23R 08	⊻		☌					⊻	
3	24 09	15 33	21 49	23 33	20 31	3 08	18 05	23 08		☌		✱	△	□			□
4	25 55	16 46	22 28	23 29	20 30	3 11	18 07	23 08	☌			∠	⚼		☌	∠	
5	27 42	17 58	23 07	23 25	20 30	3 15	18 08	23 07			⊻	⊻		△		✱	△
6	29♈31	19 11	23 46	23 20	20 29	3 18	18 10	23 07		⊻	∠			⚼	⊻		⚼
7	1♉21	20 24	24 25	23 15	20 28	3 21	18 11	23 07	⊻	∠	✱	☌	☍		∠	□	
8	3 14	21 37	25 04	23 11	20 28	3 25	18 12	23 06	∠	✱					✱		
9	5 08	22 50	25 42	23 06	20 27	3 28	18 14	23 06	✱					☍		△	
10	7 05	24 03	26 21	23 01	20 26	3 32	18 15	23 06			□	⊻			□	⚼	☍
11	9 03	25 15	27 00	22 55	20 25	3 35	18 16	23 05		□		∠	⚼				
12	11 02	26 28	27 39	22 50	20 24	3 38	18 18	23 05	□		△	✱	△		△		
13	13 04	27 41	28 18	22 44	20 22	3 42	18 19	23 04		△	⚼			⚼	⚼	☍	⚼
14	15 07	28♈54	28 57	22 39	20 21	3 45	18 20	23 04	△	⚼		□	□	△			△
15	17 12	0♉07	29♊36	22 33	20 20	3 48	18 21	23 03	⚼								
16	19 18	1 20	0♋14	22 27	20 18	3 51	18 22	23 02				△	✱	□			□
17	21 26	2 33	0 53	22 21	20 16	3 55	18 24	23 02			☍		∠		☍	⚼	
18	23 35	3 45	1 32	22 15	20 15	3 58	18 25	23 01	☍	☍		⚼	⊻	✱		△	✱
19	25 44	4 58	2 10	22 08	20 13	4 01	18 26	23 00						∠			∠
20	27♉55	6 11	2 49	22 02	20 11	4 04	18 27	23 00			⚼		☌	⊻	⚼	□	⊻
21	0♊06	7 24	3 28	21 55	20 09	4 07	18 28	22 59			△	☍			△		
22	2 18	8 37	4 07	21 49	20 07	4 11	18 29	22 58	⚼	⚼				●☌		✱	
23	4 29	9 50	4 45	21 42	20 05	4 14	18 30	22 57	△				⊻				☌
24	6 41	11 03	5 24	21 35	20 03	4 17	18 31	22 57		△	□		∠		□	∠	
25	8 52	12 16	6 02	21 28	20 00	4 20	18 32	22 56				⚼	✱	⊻		⊻	⊻
26	11 02	13 29	6 41	21 21	19 58	4 23	18 32	22 55	□			△		∠	✱		∠
27	13 11	14 42	7 20	21 14	19 56	4 26	18 33	22 54		□	✱			✱	∠	☌	
28	15 19	15 55	7 58	21 07	19 53	4 29	18 34	22 53			∠		□				✱
29	17 26	17 08	8 37	21 00	19 50	4 32	18 35	22 52	✱			□			⊻		
30	19 30	18 21	9 15	20 53	19 48	4 35	18 35	22 51	∠	✱	⊻		△	□		⊻	□
31	21♊33	19♉34	9♋54	20♐45	19♑45	4♉38	18♓36	22♑50	⊻	∠		✱	⚼		☌	∠	

D	Saturn		Uranus		Neptune		Pluto	
M	Lat.	Dec.	Lat.	Dec.	Lat.	Dec.	Lat.	Dec.
	° ′	° ′	° ′	° ′	° ′	° ′	° ′	° ′
1	0N23	21S29	0S29	12N04	0S59	5S38	0S18	21S45
3	0 23	21 29	0 29	12 06	0 59	5 37	0 18	21 45
5	0 23	21 29	0 29	12 08	0 59	5 36	0 18	21 45
7	0 23	21 30	0 29	12 10	0 59	5 35	0 18	21 46
9	0 23	21 30	0 29	12 13	0 59	5 34	0 19	21 46
11	0 23	21 30	0 29	12 15	0 59	5 33	0 19	21 46
13	0 23	21 31	0 29	12 17	0 59	5 32	0 19	21 47
15	0 23	21 31	0 29	12 20	0 59	5 31	0 19	21 47
17	0 23	21 32	0 29	12 22	1 00	5 30	0 19	21 47
19	0 23	21 33	0 29	12 24	1 00	5 29	0 20	21 48
21	0 23	21 33	0 29	12 26	1 00	5 29	0 20	21 48
23	0 22	21 34	0 29	12 28	1 00	5 28	0 20	21 49
25	0 22	21 35	0 29	12 30	1 00	5 27	0 20	21 49
27	0 22	21 35	0 29	12 32	1 00	5 27	0 20	21 50
29	0 22	21 36	0 29	12 34	1 00	5 26	0 21	21 50
31	0N22	21S37	0S29	12N36	1S00	5S26	0S21	21S51

Mutual Aspects

1 ☿✱♂. ☿□♄. ♂⚻♄. ☿#♆.
2 ☿□♇. ♅∠♆.
3 ☿△♃. ☿⊥♆.
5 ♀⊻♆. ♂☍♃. ♂⚻♇. ♀#♆.
7 ♀□♄.
8 ☉±♃. ☿☌♅. ☿∠♆.
9 ☉✱♆. ♀△♃. ♀□♇. ♃⊻♇.
10 ☿⚼♃. ♀⊥♆. ☿||♅.
11 ☉△♄.
13 ☉⊥♂. ☉⚻♃. ☿∠♂.
14 ☉△♇. ♀✱♂.
15 ☿±♃.
16 ☿△♄. ☿✱♆.
17 ☿⚻♃.
18 ☿△♇. ♀☌♅. ♀∠♆.
19 ☿⊥♂. 20 ☉||☿.
21 ☉☌☿. ☉Q♆. ☿Q♆. ♀⚼♃. ♀||♅.
22 ♂✱♅.
23 ☿⊻♂. ☿⚼♄. ☿⊻♅. ☿#♄. ☿#♇.
25 ☉⊻♅. ☿⚼♇. ☿#♃.
26 ☉⚼♄. ☿⊥♅.
27 ☿±♄. ♀±♃.
29 ☉⚼♇. ☿⊻♀. ☿±♇. ☉#♄. ☿||♂.
30 ☿⚻♄. ☿∠♅. ☿□♆. ♀✱♆.
31 ☉⊻♂. ☿☍♃. ♀△♄. ☉#♇.

NEW MOON – June 3,10h.02m. (12° ♊ 34′)

D M	D W	Sidereal Time	☉ Long.	☉ Dec.	☽ Long.	☽ Lat.	☽ Dec.	☽ Node	24h. ☽ Long.	24h. ☽ Dec.
		h m s	° ′ ″	° ′	° ′ ″	° ′	° ′	° ′	° ′ ″	° ′
1	S	4 38 45	10 ♊ 43 25	22 N03	16 ♉ 50 09	4 S 32	12 N30	19 ♋ 33	23 ♉ 26 10	14 N32
2	Su	4 42 41	11 40 56	22 11	0 ♊ 06 49	3 51	16 24	19 30	6 ♊ 51 53	18 05
3	M	4 46 38	12 38 27	22 19	13 41 07	2 56	19 32	19 27	20 34 09	20 43
4	T	4 50 34	13 35 56	22 26	27 30 37	1 49	21 36	19 23	4 ♋ 30 04	22 09
5	W	4 54 31	14 33 25	22 33	11 ♋ 32 03	0 S 35	22 22	19 20	18 36 07	22 13
6	Th	4 58 27	15 30 52	22 39	25 41 48	0 N43	21 42	19 17	2 ♌ 48 40	20 50
7	F	5 02 24	16 28 18	22 45	9 ♌ 56 18	1 58	19 39	19 14	17 04 20	18 09
8	S	5 06 21	17 25 43	22 51	24 12 24	3 06	16 22	19 11	1 ♍ 20 11	14 21
9	Su	5 10 17	18 23 07	22 56	8 ♍ 27 23	4 02	12 08	19 08	15 33 45	9 46
10	M	5 14 14	19 20 29	23 00	22 39 01	4 44	7 15	19 04	29 42 57	4 N40
11	T	5 18 10	20 17 51	23 05	6 ♎ 45 18	5 08	2 N02	19 01	13 ♎ 45 49	0 S 37
12	W	5 22 07	21 15 11	23 09	20 44 17	5 13	3 S 15	18 58	27 40 26	5 50
13	Th	5 26 03	22 12 31	23 12	4 ♏ 34 02	5 00	8 19	18 55	11 ♏ 24 51	10 42
14	F	5 30 00	23 09 49	23 16	18 12 38	4 31	12 55	18 52	24 57 10	14 57
15	S	5 33 56	24 07 07	23 18	1 ♐ 38 14	3 46	16 47	18 48	8 ♐ 15 41	18 23
16	Su	5 37 53	25 04 24	23 21	14 49 23	2 51	19 45	18 45	21 19 13	20 50
17	M	5 41 50	26 01 41	23 23	27 45 10	1 47	21 38	18 42	4 ♑ 07 14	22 09
18	T	5 45 46	26 58 57	23 24	10 ♑ 25 28	0 N40	22 22	18 39	16 40 00	22 19
19	W	5 49 43	27 56 12	23 25	22 51 01	0 S 29	21 58	18 36	28 58 45	21 23
20	Th	5 53 39	28 53 27	23 26	5 ♒ 03 29	1 35	20 32	18 33	11 ♒ 05 34	19 28
21	F	5 57 36	29 ♊ 50 41	23 26	17 05 23	2 36	18 11	18 29	23 03 22	16 43
22	S	6 01 32	0 ♋ 47 56	23 26	28 59 59	3 29	15 05	18 26	4 ♓ 55 46	13 18
23	Su	6 05 29	1 45 10	23 25	10 ♓ 51 14	4 13	11 24	18 23	16 46 56	9 23
24	M	6 09 25	2 42 24	23 24	22 43 27	4 47	7 17	18 20	28 41 22	5 06
25	T	6 13 22	3 39 37	23 23	4 ♈ 41 17	5 08	2 S 51	18 17	10 ♈ 43 45	0 S 34
26	W	6 17 19	4 36 51	23 21	16 49 22	5 16	1 N44	18 14	22 58 38	4 N03
27	Th	6 21 15	5 34 05	23 19	29 12 05	5 10	6 21	18 10	5 ♉ 30 10	8 37
28	F	6 25 12	6 31 18	23 16	11 ♉ 53 17	4 49	10 49	18 07	18 21 44	12 56
29	S	6 29 08	7 28 32	23 13	24 55 47	4 12	14 55	18 04	1 ♊ 35 33	16 45
30	Su	6 33 05	8 ♋ 25 46	23 N10	8 ♊ 21 04	3 S 21	18 N23	18 ♋ 01	15 ♊ 12 15	19 N48

D M	Mercury Lat.	Mercury Dec.	Mercury Dec.	Venus Lat.	Venus Dec.	Venus Dec.	Mars Lat.	Mars Dec.	Mars Dec.	Jupiter Lat.	Jupiter Dec.
	° ′	° ′	° ′	° ′	° ′	° ′	° ′	° ′	° ′	° ′	° ′
1	1 N50	25 N07	25 N 16	1 S 16	16 N44	17 N04	1 N 09	24 N10	24 N 07	0 N 36	22 S 30
3	1 59	25 23	25 28	1 12	17 25	17 44	1 10	24 04	24 01	0 36	22 30
5	2 04	25 30	25 29	1 09	18 04	18 22	1 10	23 57	23 53	0 36	22 29
7	2 06	25 27	25 22	1 05	18 41	18 59	1 10	23 49	23 45	0 35	22 28
9	2 05	25 16	25 08	1 01	19 16	19 33	1 10	23 41	23 36	0 35	22 27
11	2 01	24 58	24 46	0 57	19 49	20 05	1 10	23 31	23 26	0 35	22 26
13	1 55	24 33	24 18	0 52	20 21	20 35	1 10	23 21	23 16	0 35	22 25
15	1 45	24 03	23 46	0 48	20 50	21 03	1 10	23 11	23 05	0 34	22 24
17	1 33	23 28	23 09	0 43	21 16	21 29	1 11	22 59	22 54	0 34	22 23
19	1 17	22 50	22 29	0 39	21 41	21 52	1 11	22 47	22 41	0 34	22 22
21	1 00	22 08	21 47	0 34	22 03	22 13	1 11	22 35	22 28	0 33	22 21
23	0 40	21 25	21 03	0 29	22 22	22 31	1 11	22 21	22 15	0 33	22 20
25	0 N17	20 41	20 19	0 25	22 39	22 47	1 11	22 08	22 00	0 33	22 19
27	0 S07	19 57	19 35	0 20	22 54	23 00	1 11	21 53	21 45	0 33	22 18
29	0 34	19 13	18 N 52	0 15	23 06	23 N10	1 11	21 38	21 N 30	0 32	22 17
31	1 S 02	18 N31		0 S 10	23 N15		1 N 11	21 N22		0 N 32	22 S 16

FIRST QUARTER – June10,05h.59m. (19° ♍ 06′)

FULL MOON–June17,08h.31m. (25°♐53′)

EPHEMERIS] JUNE 2019

D M	☿ Long.	♀ Long.	♂ Long.	♃ Long.	♄ Long.	♅ Long.	♆ Long.	♇ Long.	☉	☿	♀	♂	♃	♄	♅	♆	♇
	° ′	° ′	° ′	° ′	° ′	° ′	° ′	° ′									
1	23♊34	20♉47	10♋32	20♐38	19♑42	4♉41	18♓37	22♑49			☌			△		⚹	△
2	25 32	22 00	11 11	20R 31	19R 39	4 44	18 38	22R 48		⚺		∠		⚼	⚺		
3	27 28	23 13	11 49	20 23	19 36	4 47	18 38	22 47	☌			⚺	☍		∠	□	⚼
4	29♊22	24 26	12 28	20 16	19 33	4 50	18 39	22 46		☌	⚺						
5	1♋14	25 39	13 06	20 08	19 30	4 53	18 39	22 45	⚺		∠	☌			⚹		
6	3 02	26 52	13 45	20 00	19 27	4 56	18 40	22 44	∠		⚹			☍		△	☍
7	4 49	28 05	14 23	19 53	19 23	4 58	18 40	22 43	⚹	⚺		⚺	⚼		□	⚼	
8	6 32	29♉19	15 02	19 45	19 20	5 01	18 41	22 42		∠	□	∠	△				
9	8 13	0♊32	15 40	19 38	19 17	5 04	18 41	22 41		⚹				⚼	△		⚼
10	9 52	1 45	16 18	19 30	19 13	5 06	18 41	22 40	□			⚹	□	△	⚼	☍	△
11	11 27	2 58	16 57	19 22	19 10	5 09	18 42	22 39		□	△						
12	13 00	4 11	17 35	19 15	19 06	5 12	18 42	22 37	△		⚼	□	⚹	□			□
13	14 30	5 24	18 14	19 07	19 02	5 14	18 42	22 36	⚼				∠		☍	⚼	
14	15 58	6 37	18 52	18 59	18 59	5 17	18 43	22 35		△		△	⚺	⚹		△	⚹
15	17 22	7 50	19 30	18 52	18 55	5 20	18 43	22 34		⚼		⚼		∠			∠
16	18 44	9 04	20 08	18 44	18 51	5 22	18 43	22 33			☍		☌	⚺	⚼	□	
17	20 03	10 17	20 47	18 37	18 47	5 24	18 43	22 31	☍								⚺
18	21 19	11 30	21 25	18 29	18 43	5 27	18 43	22 30							△		
19	22 32	12 43	22 03	18 22	18 39	5 29	18 43	22 29		☍	⚼	☍	⚺	●		⚹	☌
20	23 42	13 56	22 42	18 14	18 35	5 32	18 43	22 27					∠		□	∠	
21	24 49	15 10	23 20	18 07	18 31	5 34	18 43	22 26	⚼		△		⚹	⚺		⚺	⚺
22	25 53	16 23	23 58	17 59	18 27	5 36	18R 43	22 25	△					∠			
23	26 54	17 36	24 36	17 52	18 23	5 39	18 43	22 24		⚼		⚼			⚹		∠
24	27 51	18 50	25 15	17 45	18 19	5 41	18 43	22 22		△	□	△	□	⚹	∠	☌	⚹
25	28 45	20 03	25 53	17 38	18 15	5 43	18 43	22 21	□						⚺		
26	29♋35	21 16	26 31	17 31	18 11	5 45	18 43	22 19			⚹		△	□		⚺	□
27	0♌22	22 29	27 09	17 24	18 06	5 47	18 43	22 18		□		□	⚼			∠	
28	1 05	23 43	27 47	17 17	18 02	5 49	18 43	22 17	⚹		∠			△	☌		
29	1 45	24 56	28 26	17 10	17 58	5 51	18 42	22 15	∠		⚺	⚹				⚹	△
30	2♌20	26♊10	29♋04	17♐03	17♑53	5♉53	18♓42	22♑14	⚺	⚹		∠		⚼	⚺		⚼

D M	Saturn Lat.	Saturn Dec.	Uranus Lat.	Uranus Dec.	Neptune Lat.	Neptune Dec.	Pluto Lat.	Pluto Dec.
	° ′	° ′	° ′	° ′	° ′	° ′	° ′	° ′
1	0N22	21S38	0S29	12N37	1S00	5S26	0S21	21S51
3	0 22	21 39	0 29	12 39	1 00	5 25	0 21	21 52
5	0 22	21 40	0 29	12 41	1 00	5 25	0 21	21 52
7	0 22	21 41	0 29	12 43	1 00	5 24	0 22	21 53
9	0 21	21 42	0 29	12 45	1 01	5 24	0 22	21 53
11	0 21	21 43	0 29	12 47	1 01	5 24	0 22	21 54
13	0 21	21 44	0 29	12 48	1 01	5 24	0 22	21 54
15	0 21	21 45	0 29	12 50	1 01	5 24	0 22	21 55
17	0 21	21 47	0 29	12 52	1 01	5 24	0 23	21 56
19	0 21	21 48	0 29	12 53	1 01	5 24	0 23	21 56
21	0 21	21 49	0 29	12 55	1 01	5 24	0 23	21 57
23	0 20	21 50	0 30	12 56	1 01	5 24	0 23	21 57
25	0 20	21 52	0 30	12 58	1 01	5 24	0 23	21 58
27	0 20	21 53	0 30	12 59	1 01	5 24	0 24	21 59
29	0 20	21 54	0 30	13 00	1 01	5 24	0 24	21 59
31	0N20	21S55	0S30	13N02	1S01	5S25	0S24	22S00

Mutual Aspects

1 ☉⊥♅. ☿∇♇. ♀∇♃.
3 ♀△♇.
4 ☉±♄. ☉#♃.
6 ☿⊥♀. ♃⚼♅.
7 ☉±♇. ☿⚹♅.
9 ☉□♆. ♀∠♂. ♀Q♆.
10 ☉☍♃. ☉∇♄.
11 ☉∠♅. ♂Q♅.
12 ♀⚼♄.
13 ☉∇♇. ♀⚺♅.
14 ♂∇♃. ♂☍♄. ♂△♆. ♃⚺♄. ☉∥♂.
15 ☿Q♅. ♀⚼♇.
16 ☿∇♃. ☿☍♄. ☿△♆. ♃□♆.
17 ☉∥☿.
18 ☿☌♂. ♀⊥♅. ♄⚹♆.
19 ☿☍♇. ♀±♄. ☿∥♂.
20 ☿±♃. ♂☍♇. ☿#♃. ♀#♄. ♀#♇.
21 ☿∥♀. ♆Stat.
22 ♀±♇. ♂±♃. ☿#♄. ☿#♇.
23 ♀☍♃. ♀∥♂. ♀#♃. ♂#♃.
24 ♀∇♄. ♀□♆.
25 ♀⊥♂.
26 ♀∠♅. ♂#♇.
27 ☉⚹♅. ♀∇♇. ♂#♄.
30 ☿⊥♀. ☿⚼♃. ☉∥♀.

LAST QUARTER–June25,09h.46m. (3°♈34′)

NEW MOON–July 2,19h.16m. (10°♋38′)

D M	D W	Sidereal Time	☉ Long.	☉ Dec.	☽ Long.	☽ Lat.	☽ Dec.	☽ Node	24h. ☽ Long.	24h. ☽ Dec.
		h m s	° ′ ″	° ′	° ′ ″	° ′	° ′	° ′	° ′ ″	° ′
1	M	6 37 01	9 ♋ 23 00	23 N06	22 ♊ 08 54	2 S 17	20 N56	17 ♋ 58	29 ♊ 10 41	21 N46
2	T	6 40 58	10 20 14	23 02	6 ♋ 17 09	1 S 02	22 15	17 54	13 ♋ 27 45	22 22
3	W	6 44 54	11 17 27	22 57	20 41 50	0 N17	22 07	17 51	27 58 42	21 30
4	Th	6 48 51	12 14 41	22 52	5 ♌ 17 34	1 37	20 30	17 48	12 ♌ 37 38	19 10
5	F	6 52 48	13 11 54	22 47	19 58 05	2 50	17 31	17 45	27 18 10	15 35
6	S	6 56 44	14 09 07	22 41	4 ♍ 37 08	3 52	13 25	17 42	11 ♍ 54 20	11 04
7	Su	7 00 41	15 06 20	22 35	19 09 10	4 39	8 34	17 39	26 21 07	5 58
8	M	7 04 37	16 03 33	22 28	3 ♎ 29 48	5 08	3 N19	17 35	10 ♎ 34 53	0 N38
9	T	7 08 34	17 00 45	22 21	17 36 08	5 17	2 S 01	17 32	24 33 23	4 S 38
10	W	7 12 30	17 57 57	22 14	1 ♏ 26 33	5 08	7 09	17 29	8 ♏ 15 37	9 34
11	Th	7 16 27	18 55 09	22 06	15 00 37	4 42	11 50	17 26	21 41 35	13 57
12	F	7 20 23	19 52 22	21 58	28 18 36	4 01	15 52	17 23	4 ♐ 51 49	17 34
13	S	7 24 20	20 49 34	21 49	11 ♐ 21 19	3 08	19 02	17 20	17 47 16	20 15
14	Su	7 28 17	21 46 46	21 40	24 09 47	2 07	21 12	17 16	0 ♑ 29 01	21 52
15	M	7 32 13	22 43 58	21 31	6 ♑ 45 09	1 N00	22 16	17 13	12 58 18	22 22
16	T	7 36 10	23 41 11	21 22	19 08 39	0 S 08	22 12	17 10	25 16 22	21 46
17	W	7 40 06	24 38 24	21 12	1 ♒ 21 40	1 15	21 05	17 07	7 ♒ 24 44	20 09
18	Th	7 44 03	25 35 37	21 01	13 25 49	2 18	19 00	17 04	19 25 08	17 38
19	F	7 47 59	26 32 51	20 50	25 23 00	3 14	16 06	17 00	1 ♓ 19 41	14 25
20	S	7 51 56	27 30 05	20 39	7 ♓ 15 32	4 01	12 35	16 57	13 10 56	10 38
21	Su	7 55 52	28 27 20	20 28	19 06 15	4 38	8 35	16 54	25 01 56	6 27
22	M	7 59 49	29 ♋ 24 35	20 16	0 ♈ 58 25	5 03	4 S 15	16 51	6 ♈ 56 13	2 S 00
23	T	8 03 46	0 ♌ 21 52	20 04	12 55 49	5 15	0 N16	16 48	18 57 45	2 N33
24	W	8 07 42	1 19 09	19 52	25 02 33	5 14	4 49	16 45	1 ♉ 10 47	7 05
25	Th	8 11 39	2 16 27	19 39	7 ♉ 22 58	4 58	9 17	16 41	13 39 39	11 25
26	F	8 15 35	3 13 46	19 26	20 01 19	4 27	13 27	16 38	26 28 27	15 22
27	S	8 19 32	4 11 06	19 13	3 ♊ 01 27	3 42	17 08	16 35	9 ♊ 40 38	18 42
28	Su	8 23 28	5 08 27	18 59	16 26 15	2 44	20 02	16 32	23 18 25	21 06
29	M	8 27 25	6 05 49	18 45	0 ♋ 17 08	1 34	21 52	16 29	7 ♋ 22 14	22 18
30	T	8 31 21	7 03 12	18 30	14 33 23	0 S 17	22 22	16 26	21 50 08	22 03
31	W	8 35 18	8 ♌ 00 36	18 N16	29 ♋ 11 47	1 N04	21 N21	16 ♋ 22	6 ♌ 37 33	20 N17

D M	Mercury Lat.	Mercury Dec.	Mercury Dec.	Venus Lat.	Venus Dec.	Venus Dec.	Mars Lat.	Mars Dec.	Mars Dec.	Jupiter Lat.	Jupiter Dec.
	° ′	° ′	° ′	° ′	° ′	° ′	° ′	° ′	° ′	° ′	° ′
1	1 S 02	18 N31	18 N 10	0 S 10	23 N15	23 N18	1 N 11	21 N22	21 N 14	0 N 32	22 S 16
3	1 31	17 51	17 32	0 S 05	23 21	23 23	1 11	21 05	20 57	0 32	22 15
5	2 02	17 14	16 57	0 00	23 25	23 26	1 11	20 48	20 40	0 31	22 14
7	2 32	16 41	16 26	0 N 05	23 26	23 25	1 11	20 31	20 22	0 31	22 13
9	3 02	16 13	16 01	0 10	23 24	23 22	1 11	20 12	20 03	0 30	22 12
11	3 31	15 50	15 41	0 14	23 20	23 16	1 11	19 54	19 44	0 30	22 12
13	3 58	15 34	15 28	0 19	23 12	23 08	1 10	19 34	19 25	0 30	22 11
15	4 21	15 24	15 22	0 24	23 02	22 56	1 10	19 15	19 04	0 29	22 10
17	4 39	15 21	15 23	0 28	22 49	22 42	1 10	18 54	18 44	0 29	22 10
19	4 51	15 26	15 30	0 33	22 34	22 25	1 10	18 33	18 23	0 29	22 09
21	4 58	15 36	15 43	0 37	22 16	22 06	1 10	18 12	18 01	0 28	22 09
23	4 57	15 52	16 02	0 41	21 55	21 44	1 10	17 50	17 39	0 28	22 08
25	4 49	16 13	16 25	0 45	21 32	21 19	1 10	17 28	17 16	0 28	22 08
27	4 35	16 37	16 50	0 49	21 06	20 52	1 10	17 05	16 53	0 27	22 08
29	4 15	17 04	17 N 17	0 53	20 38	20 N23	1 09	16 42	16 N 30	0 27	22 07
31	3 S 51	17 N31		0 N 57	20 N07		1 N 09	16 N18		0 N 26	22 S 07

FIRST QUARTER–July 9,10h.55m. (16°♎58′)

FULL MOON – July16,21h.38m. (24°♑04′)

D M	☿ Long.	♀ Long.	♂ Long.	♃ Long.	♄ Long.	♅ Long.	♆ Long.	♇ Long.	Lunar Aspects ⊙	☿	♀	♂	♃	♄	♅	♆	♇
	° ′	° ′	° ′	° ′	° ′	° ′	° ′	° ′									
1	2♌51	27♊23	29♋42	16♐57	17♑49	5♉55	18♓42	22♑12		∠	☌		☍		∠	□	
2	3 19	28 36	0♌20	16R 50	17R 45	5 57	18R 42	22R 11	☌	⚺		⚺			✱		
3	3 41	29♊50	0 58	16 44	17 40	5 59	18 41	22 10						☍		△	☍
4	4 00	1♋03	1 37	16 38	17 36	6 01	18 41	22 08		☌	⚺	☌	⚼		□	⚼	
5	4 14	2 17	2 15	16 31	17 32	6 03	18 40	22 07	⚺		∠		△				
6	4 23	3 30	2 53	16 25	17 27	6 05	18 40	22 05	∠	⚺	✱	⚺		⚼	△		⚼
7	4 27	4 44	3 31	16 19	17 23	6 06	18 39	22 04	✱	∠		∠	□	△	⚼	☍	△
8	4R 27	5 57	4 09	16 14	17 18	6 08	18 39	22 02		✱	□	✱					
9	4 22	7 11	4 47	16 08	17 14	6 10	18 38	22 01	□				✱	□			□
10	4 13	8 24	5 25	16 02	17 09	6 11	18 38	22 00		□		□	∠		☍	⚼	
11	3 59	9 38	6 03	15 57	17 05	6 13	18 37	21 58	△		△		⚺	✱		△	
12	3 40	10 52	6 42	15 52	17 01	6 14	18 36	21 57		△	⚼			∠			✱
13	3 17	12 05	7 20	15 47	16 56	6 16	18 36	21 55	⚼			△	☌	⚺			∠
14	2 51	13 19	7 58	15 42	16 52	6 17	18 35	21 54		⚼		⚼			⚼	□	⚺
15	2 20	14 32	8 36	15 37	16 47	6 18	18 34	21 52							△		
16	1 47	15 46	9 14	15 32	16 43	6 20	18 34	21 51	☍		☍		⚺	☌		✱	☌
17	1 10	17 00	9 52	15 28	16 39	6 21	18 33	21 49		☍			∠		□	∠	
18	0♌32	18 13	10 30	15 23	16 34	6 22	18 32	21 48				☍	✱	⚺		⚺	
19	29♋52	19 27	11 08	15 19	16 30	6 23	18 31	21 46									⚺
20	29 11	20 41	11 46	15 15	16 26	6 24	18 30	21 45	⚼		⚼			∠	✱		∠
21	28 30	21 54	12 24	15 11	16 21	6 25	18 29	21 44		⚼	△		□	✱	∠	☌	✱
22	27 49	23 08	13 02	15 07	16 17	6 26	18 29	21 42	△	△		⚼			⚺		
23	27 10	24 22	13 40	15 04	16 13	6 27	18 28	21 41				△	△	□		⚺	
24	26 32	25 36	14 19	15 00	16 09	6 28	18 27	21 39		□	□		⚼				□
25	25 58	26 50	14 57	14 57	16 05	6 29	18 26	21 38	□						☌	∠	
26	25 26	28 03	15 35	14 54	16 00	6 30	18 25	21 36		✱		□		△		✱	△
27	24 59	29♋17	16 13	14 51	15 56	6 31	18 24	21 35	✱		✱			⚼	⚺		⚼
28	24 36	0♌31	16 51	14 49	15 52	6 32	18 22	21 34	∠	∠	∠	✱	☍		∠	□	
29	24 18	1 45	17 29	14 46	15 48	6 32	18 21	21 32	⚺	⚺	⚺	∠			✱		
30	24 05	2 59	18 07	14 44	15 44	6 33	18 20	21 31				⚺		☍		△	☍
31	23♋58	4♌13	18♌45	14♐42	15♑40	6♉34	18♓19	21♑29		☌	☌		⚼		□	⚼	

D M	Saturn Lat.	Saturn Dec.	Uranus Lat.	Uranus Dec.	Neptune Lat.	Neptune Dec.	Pluto Lat.	Pluto Dec.
	° ′	° ′	° ′	° ′	° ′	° ′	° ′	° ′
1	0N20	21S55	0S30	13N02	1S01	5S25	0S24	22S00
3	0 20	21 57	0 30	13 03	1 02	5 25	0 24	22 01
5	0 19	21 58	0 30	13 04	1 02	5 26	0 24	22 01
7	0 19	21 59	0 30	13 05	1 02	5 26	0 25	22 02
9	0 19	22 01	0 30	13 06	1 02	5 26	0 25	22 03
11	0 19	22 02	0 30	13 07	1 02	5 27	0 25	22 03
13	0 19	22 03	0 30	13 08	1 02	5 28	0 25	22 04
15	0 19	22 04	0 30	13 09	1 02	5 28	0 25	22 05
17	0 18	22 06	0 30	13 10	1 02	5 29	0 26	22 05
19	0 18	22 07	0 30	13 11	1 02	5 30	0 26	22 06
21	0 18	22 08	0 30	13 11	1 02	5 30	0 26	22 07
23	0 18	22 09	0 30	13 12	1 02	5 31	0 26	22 07
25	0 18	22 11	0 30	13 12	1 02	5 32	0 26	22 08
27	0 17	22 12	0 30	13 13	1 02	5 33	0 27	22 09
29	0 17	22 13	0 30	13 13	1 03	5 34	0 27	22 09
31	0N17	22S14	0S30	13N14	1S03	5S35	0S27	22S10

Mutual Aspects

3 ☿⚼♆. 4 ♂⚼♃.
5 ♀⚺♂.
7 ☿⚺♀. ♂⚼♆. ☿Stat.
8 ⊙∇♃. ☿☌♂. ♀✱♅.
9 ⊙☍♄.
10 ⊙Q♅. ⊙#♃.
11 ⊙△♆. ♂□♅. ♃⊥♇. ⊙#♄. ⊙#♇.
12 ☿⚼♆.
14 ⊙±♃. ⊙☍♇.
16 ♀∇♃. ♄∥♇.
17 ♀☍♄.
18 ☿⚼♃. ♀Q♅. ♀△♆.
20 ♀±♃.
21 ⊙☌☿. ♀☍♇. ♂±♆.
22 ♀#♃. ♀#♄. ♀#♇. ♃∥♄.
23 ⊙⚼♃.
25 ☿☌♀. ♂△♃. ♃∥♇.
26 ⊙⚼♆.
27 ♀⚼♃. ♂∇♄.
28 ☿∥♂. 29 ⊙□♅.
30 ♀⚼♆. ♂∇♆.

LAST QUARTER – July25,01h.18m. (1°♉51′)

NEW MOON–Aug. 1,03h.12m. (8°♌37′) & Aug.30,10h.37m. (6°♍47′)

D M	D W	Sidereal Time	☉ Long.	☉ Dec.	☽ Long.	☽ Lat.	☽ Dec.	☽ Node	24h. ☽ Long.	24h. ☽ Dec.
		h m s	° ′ ″	° ′	° ′ ″	° ′	° ′	° ′	° ′ ″	° ′
1	Th	8 39 15	8 ♌ 58 00	18 N01	14 ♌ 06 29	2 N21	18 N50	16 ♋ 19	21 ♌ 37 31	17 N05
2	F	8 43 11	9 55 26	17 46	29 09 32	3 29	15 02	16 16	6 ♍ 41 23	12 44
3	S	8 47 08	10 52 52	17 30	14 ♍ 11 54	4 23	10 15	16 13	21 40 03	7 38
4	Su	8 51 04	11 50 18	17 14	29 04 52	4 58	4 N55	16 10	6 ♎ 25 30	2 N10
5	M	8 55 01	12 47 46	16 58	13 ♎ 41 17	5 13	0 S35	16 06	20 51 42	3 S18
6	T	8 58 57	13 45 14	16 42	27 56 25	5 09	5 56	16 03	4 ♏ 55 15	8 27
7	W	9 02 54	14 42 43	16 25	11 ♏ 48 07	4 46	10 50	16 00	18 35 09	13 03
8	Th	9 06 50	15 40 12	16 08	25 16 29	4 08	15 04	15 57	1 ♐ 52 24	16 52
9	F	9 10 47	16 37 43	15 51	8 ♐ 23 14	3 18	18 27	15 54	14 49 20	19 46
10	S	9 14 44	17 35 14	15 34	21 11 04	2 19	20 50	15 51	27 28 51	21 38
11	Su	9 18 40	18 32 46	15 16	3 ♑ 43 04	1 14	22 09	15 47	9 ♑ 54 06	22 23
12	M	9 22 37	19 30 19	14 58	16 02 19	0 N08	22 21	15 44	22 08 02	22 02
13	T	9 26 33	20 27 53	14 40	28 11 36	0 S59	21 29	15 41	4 ♒ 13 17	20 40
14	W	9 30 30	21 25 28	14 22	10 ♒ 13 22	2 01	19 37	15 38	16 12 07	18 22
15	Th	9 34 26	22 23 05	14 03	22 09 45	2 58	16 56	15 35	28 06 30	15 19
16	F	9 38 23	23 20 42	13 44	4 ♓ 02 36	3 47	13 32	15 31	9 ♓ 58 16	11 39
17	S	9 42 19	24 18 21	13 25	15 53 45	4 25	9 38	15 28	21 49 16	7 32
18	Su	9 46 16	25 16 01	13 06	27 45 06	4 52	5 22	15 25	3 ♈ 41 32	3 S09
19	M	9 50 13	26 13 42	12 46	9 ♈ 38 53	5 07	0 S53	15 22	15 37 29	1 N23
20	T	9 54 09	27 11 25	12 27	21 37 44	5 08	3 N39	15 19	27 40 00	5 54
21	W	9 58 06	28 09 10	12 07	3 ♉ 44 45	4 56	8 07	15 16	9 ♉ 52 28	10 16
22	Th	10 02 02	29 ♌ 06 56	11 47	16 03 36	4 30	12 20	15 12	22 18 41	14 17
23	F	10 05 59	0 ♍ 04 44	11 27	28 38 15	3 51	16 06	15 09	5 ♊ 02 47	17 45
24	S	10 09 55	1 02 34	11 06	11 ♊ 32 47	2 59	19 13	15 06	18 08 43	20 27
25	Su	10 13 52	2 00 26	10 46	24 50 58	1 55	21 25	15 03	1 ♋ 39 53	22 05
26	M	10 17 48	2 58 19	10 25	8 ♋ 35 39	0 S44	22 26	15 00	15 38 21	22 25
27	T	10 21 45	3 56 14	10 04	22 47 54	0 N33	22 03	14 57	0 ♌ 04 01	21 18
28	W	10 25 42	4 54 11	9 43	7 ♌ 26 15	1 49	20 10	14 53	14 53 55	18 41
29	Th	10 29 38	5 52 09	9 21	22 26 06	3 00	16 52	14 50	0 ♍ 01 44	14 45
30	F	10 33 35	6 50 10	9 00	7 ♍ 39 35	3 59	12 24	14 47	15 18 19	9 49
31	S	10 37 31	7 ♍ 48 11	8 N39	22 ♍ 56 31	4 N41	7 N06	14 ♋ 44	0 ♎ 32 49	4 N17

D M	Mercury Lat.	Mercury Dec.	Mercury Dec.	Venus Lat.	Venus Dec.	Venus Dec.	Mars Lat.	Mars Dec.	Mars Dec.	Jupiter Lat.	Jupiter Dec.
	° ′	° ′	° ′	° ′	° ′	° ′	° ′	° ′	° ′	° ′	° ′
1	3 S 37	17 N45	17 N 58	0 N 58	19 N51	19 N34	1 N 09	16 N06	15 N 54	0 N 26	22 S 07
3	3 08	18 11	18 23	1 02	19 17	18 59	1 09	15 42	15 29	0 26	22 07
5	2 37	18 34	18 44	1 05	18 41	18 22	1 09	15 17	15 05	0 25	22 07
7	2 04	18 54	19 01	1 08	18 02	17 42	1 09	14 52	14 39	0 25	22 08
9	1 32	19 08	19 12	1 11	17 22	17 01	1 08	14 26	14 14	0 25	22 08
11	1 00	19 15	19 15	1 13	16 40	16 18	1 08	14 01	13 48	0 24	22 08
13	0 30	19 13	19 09	1 15	15 55	15 33	1 08	13 34	13 21	0 24	22 08
15	0 S 02	19 03	18 53	1 17	15 09	14 46	1 08	13 08	12 54	0 24	22 09
17	0 N24	18 41	18 27	1 19	14 22	13 57	1 07	12 41	12 27	0 23	22 10
19	0 47	18 09	17 49	1 21	13 33	13 08	1 07	12 14	12 00	0 23	22 10
21	1 06	17 26	17 01	1 22	12 42	12 16	1 07	11 46	11 32	0 22	22 11
23	1 21	16 33	16 02	1 23	11 50	11 23	1 07	11 19	11 05	0 22	22 12
25	1 32	15 29	14 54	1 24	10 57	10 30	1 06	10 50	10 36	0 22	22 13
27	1 40	14 18	13 39	1 25	10 02	9 34	1 06	10 22	10 08	0 21	22 14
29	1 45	12 59	12 N 18	1 25	9 06	8 N38	1 06	9 53	9 N 39	0 21	22 15
31	1 N46	11 N35		1 N 25	8 N10		1 N 05	9 N25		0 N 21	22 S 16

FIRST QUARTER–Aug. 7,17h.31m. (14°♏56′)

FULL MOON–Aug.15,12h.29m. (22°♒24′)

D M	☿ Long.	♀ Long.	♂ Long.	♃ Long.	♄ Long.	♅ Long.	♆ Long.	♇ Long.	☉	☿	♀	♂	♃	♄	♅	♆	♇
	° ′	° ′	° ′	° ′	° ′	° ′	° ′	° ′									
1	23♋57	5♌27	19♌23	14♐40	15♑36	6♉34	18♓18	21♑28	☌			☌	△				
2	24D 02	6 41	20 01	14R 38	15R 33	6 35	18R 17	21R 27		⚺				⚼	△		⚼
3	24 14	7 55	20 39	14 36	15 29	6 35	18 16	21 25	⚺	∠	⚺	⚺	□	△	⚼	☍	△
4	24 32	9 09	21 17	14 35	15 25	6 36	18 14	21 24	∠	⚹	∠						
5	24 56	10 23	21 55	14 34	15 21	6 36	18 13	21 23	⚹		⚹	∠	⚹	□			
6	25 27	11 37	22 34	14 33	15 18	6 36	18 12	21 21		□		⚹	∠			⚼	□
7	26 05	12 51	23 12	14 32	15 14	6 36	18 10	21 20	□		□		⚺	⚹	☍	△	
8	26 49	14 05	23 50	14 31	15 11	6 37	18 09	21 19		△		□		∠			⚹
9	27 39	15 19	24 28	14 31	15 07	6 37	18 08	21 17		⚼			☌				∠
10	28 36	16 33	25 06	14 30	15 04	6 37	18 06	21 16	△		△	△		⚺	⚼	□	⚺
11	29♋38	17 47	25 44	14 30	15 01	6 37	18 05	21 15	⚼		⚼				△		
12	0♌47	19 01	26 22	14D 30	14 57	6R 37	18 04	21 14				⚼	⚺	●		⚹	☌
13	2 01	20 15	27 00	14 31	14 54	6 37	18 02	21 12		☍			∠			∠	
14	3 21	21 30	27 38	14 31	14 51	6 37	18 01	21 11					⚹	⚺	□		
15	4 47	22 44	28 16	14 32	14 48	6 37	17 59	21 10	☍		☍					⚺	⚺
16	6 17	23 58	28 54	14 33	14 45	6 36	17 58	21 09				☍		∠	⚹		∠
17	7 51	25 12	29♌33	14 34	14 42	6 36	17 57	21 08					□	⚹	∠	☌	⚹
18	9 30	26 26	0♍11	14 35	14 39	6 36	17 55	21 06		⚼							
19	11 13	27 40	0 49	14 36	14 37	6 36	17 54	21 05	⚼	△	⚼		△	□	⚺		
20	12 59	28♌55	1 27	14 38	14 34	6 35	17 52	21 04				⚼				⚺	□
21	14 48	0♍09	2 05	14 39	14 31	6 35	17 51	21 03	△		△	△	⚼		☌	∠	
22	16 40	1 23	2 43	14 41	14 29	6 34	17 49	21 02		□				△		⚹	△
23	18 34	2 38	3 21	14 43	14 26	6 34	17 47	21 01	□		□	□		⚼			
24	20 29	3 52	3 59	14 46	14 24	6 33	17 46	21 00					☍		⚺	□	⚼
25	22 26	5 06	4 38	14 48	14 22	6 33	17 44	20 59		⚹					∠		
26	24 24	6 20	5 16	14 51	14 20	6 32	17 43	20 58	⚹	∠	⚹	⚹		☍	⚹		
27	26 23	7 35	5 54	14 54	14 17	6 31	17 41	20 57	∠	⚺	∠	∠	⚼			△	☍
28	28♌22	8 49	6 32	14 57	14 15	6 30	17 40	20 56	⚺		⚺	⚺			□	⚼	
29	0♍21	10 04	7 10	15 00	14 14	6 30	17 38	20 55					△	⚼			
30	2 20	11 18	7 49	15 03	14 12	6 29	17 36	20 54	☌	☌	☌	☌	□	△	△		⚼
31	4♍18	12♍32	8♍27	15♐07	14♑10	6♉28	17♓35	20♑53							⚼	☍	△

D M	Saturn Lat.	Saturn Dec.	Uranus Lat.	Uranus Dec.	Neptune Lat.	Neptune Dec.	Pluto Lat.	Pluto Dec.
	° ′	° ′	° ′	° ′	° ′	° ′	° ′	° ′
1	0N17	22S15	0S30	13N14	1S03	5S35	0S27	22S10
3	0 17	22 16	0 30	13 14	1 03	5 36	0 27	22 11
5	0 17	22 17	0 30	13 14	1 03	5 37	0 27	22 11
7	0 16	22 18	0 30	13 15	1 03	5 38	0 28	22 12
9	0 16	22 19	0 30	13 15	1 03	5 39	0 28	22 12
11	0 16	22 20	0 30	13 15	1 03	5 41	0 28	22 13
13	0 16	22 21	0 30	13 15	1 03	5 42	0 28	22 14
15	0 16	22 21	0 30	13 15	1 03	5 43	0 28	22 14
17	0 15	22 22	0 30	13 14	1 03	5 44	0 28	22 15
19	0 15	22 23	0 30	13 14	1 03	5 45	0 29	22 15
21	0 15	22 24	0 31	13 14	1 03	5 46	0 29	22 16
23	0 15	22 25	0 31	13 13	1 03	5 48	0 29	22 16
25	0 15	22 25	0 31	13 13	1 03	5 49	0 29	22 17
27	0 14	22 26	0 31	13 13	1 03	5 50	0 29	22 17
29	0 14	22 27	0 31	13 12	1 03	5 52	0 29	22 18
31	0N14	22S27	0S31	13N11	1S03	5S53	0S30	22S18

Mutual Aspects

1 ☿Stat.
2 ♀□♅. ☉∥☿.
4 ☉±♆. ♂±♄. ♂▽♇.
5 ☿∥♀. 6 ♀±♆.
7 ☉△♃.
8 ☉▽♄. ♀△♃.
9 ♀▽♄.
11 ☉▽♆. ☿⚼♃. ♀▽♆. ♃Stat.
12 ♅Stat.
13 ☉±♄. ♂±♇.
14 ☉☌♀. ☉▽♇. ☿⚼♆. ♀±♄. ♀▽♇. ♂∥♅.
16 ☿□♅. 17 ♂⚼♄.
18 ☉∥♅.
19 ☿±♆. ♀±♇. ♃⚺♄.
20 ☉±♇. ♀∥♅.
21 ☿△♃. ☿▽♄. ♀⚼♄.
22 ☉⚼♄. 23 ☿▽♆.
24 ☿±♄. ☿▽♇. ♀☌♂. ☉∥♂.
25 ♀∥♂.
26 ♀△♅. ♀⚼♇.
27 ☿±♇. ♂⚼♇. ☉∥♀.
28 ☿⚼♄. ♂△♅. ♃⊥♇.
29 ☉⚼♇. ☿∥♅.
30 ☉△♅.

LAST QUARTER–Aug.23,14h.56m. (0°♊12′)

NEW MOON – Sep.28,18h.26m. (5°♎20′)

D M	D W	Sidereal Time	☉ Long.	☉ Dec.	☽ Long.	☽ Lat.	☽ Dec.	☽ Node	24h. ☽ Long.	24h. ☽ Dec.
		h m s	° ′ ″	° ′	° ′ ″	° ′	° ′	° ′	° ′ ″	° ′
1	Su	10 41 28	8♍46 14	8 N17	8♎05 54	5 N03	1 N26	14♋41	15♎34 37	1 S25
2	M	10 45 24	9 44 19	7 55	22 57 58	5 04	4 S13	14 37	0♏15 10	6 55
3	T	10 49 21	10 42 25	7 33	7♏25 38	4 45	9 29	14 34	14 29 03	11 53
4	W	10 53 17	11 40 32	7 11	21 25 16	4 10	14 05	14 31	28 14 19	16 04
5	Th	10 57 14	12 38 41	6 49	4♐56 26	3 22	17 49	14 28	11♐31 56	19 18
6	F	11 01 11	13 36 52	6 27	18 01 14	2 24	20 30	14 25	24 24 51	21 26
7	S	11 05 07	14 35 04	6 04	0♑43 19	1 21	22 05	14 22	6♑57 12	22 27
8	Su	11 09 04	15 33 17	5 42	13 07 05	0 N15	22 32	14 18	19 13 32	22 21
9	M	11 13 00	16 31 32	5 19	25 17 04	0 S50	21 53	14 15	1♒18 13	21 11
10	T	11 16 57	17 29 48	4 56	7♒17 27	1 51	20 14	14 12	13 15 13	19 05
11	W	11 20 53	18 28 06	4 34	19 11 54	2 47	17 43	14 09	25 07 51	16 10
12	Th	11 24 50	19 26 26	4 11	1♓03 24	3 36	14 28	14 06	6♓58 48	12 37
13	F	11 28 46	20 24 48	3 48	12 54 18	4 15	10 38	14 03	18 50 08	8 34
14	S	11 32 43	21 23 11	3 25	24 46 27	4 43	6 24	13 59	0♈43 28	4 S11
15	Su	11 36 40	22 21 36	3 02	6♈41 21	4 58	1 S55	13 56	12 40 15	0 N23
16	M	11 40 36	23 20 03	2 39	18 40 22	5 01	2 N40	13 53	24 41 54	4 57
17	T	11 44 33	24 18 32	2 16	0♉45 04	4 50	7 12	13 50	6♉50 08	9 23
18	W	11 48 29	25 17 03	1 52	12 57 22	4 26	11 30	13 47	19 07 06	13 30
19	Th	11 52 26	26 15 36	1 29	25 19 41	3 49	15 23	13 43	1♊35 31	17 06
20	F	11 56 22	27 14 11	1 06	7♊55 02	3 01	18 39	13 40	14 18 39	20 00
21	S	12 00 19	28 12 49	0 43	20 46 52	2 02	21 05	13 37	27 20 06	21 55
22	Su	12 04 15	29♍11 29	0 N19	3♋58 48	0 S55	22 28	13 34	10♋43 23	22 41
23	M	12 08 12	0♎10 11	0 S04	17 34 09	0 N17	22 34	13 31	24 31 22	22 05
24	T	12 12 09	1 08 56	0 27	1♌35 08	1 30	21 16	13 28	8♌45 24	20 05
25	W	12 16 05	2 07 42	0 51	16 01 57	2 39	18 33	13 24	23 24 22	16 43
26	Th	12 20 02	3 06 31	1 14	0♍51 59	3 39	14 35	13 21	8♍23 58	12 12
27	F	12 23 58	4 05 22	1 38	15 59 13	4 25	9 36	13 18	23 36 32	6 51
28	S	12 27 55	5 04 15	2 01	1♎14 31	4 53	3 N59	13 15	8♎51 47	1 N04
29	Su	12 31 51	6 03 10	2 24	16 26 53	5 00	1 S51	13 12	23 58 30	4 S43
30	M	12 35 48	7♎02 08	2 S48	1♏25 25	4 N46	7 S29	13♋09	8♏46 38	10 S07

D M	Mercury Lat.	Mercury Dec.	Mercury Dec.	Venus Lat.	Venus Dec.	Venus Dec.	Mars Lat.	Mars Dec.	Mars Dec.	Jupiter Lat.	Jupiter Dec.
	° ′	° ′	° ′	° ′	° ′	° ′	° ′	° ′	° ′	° ′	° ′
1	1 N46	10 N51	10 N 07	1 N 25	7 N41	7 N12	1 N 05	9 N10	8 N 56	0 N 20	22 S 16
3	1 44	9 21	8 35	1 25	6 43	6 14	1 05	8 41	8 26	0 20	22 18
5	1 39	7 49	7 02	1 24	5 45	5 15	1 04	8 12	7 57	0 20	22 19
7	1 32	6 15	5 28	1 23	4 45	4 15	1 04	7 42	7 27	0 19	22 20
9	1 24	4 40	3 53	1 22	3 45	3 15	1 04	7 12	6 57	0 19	22 22
11	1 14	3 05	2 18	1 21	2 45	2 15	1 03	6 42	6 27	0 19	22 23
13	1 03	1 N31	0 N 44	1 19	1 44	1 14	1 03	6 12	5 57	0 18	22 25
15	0 50	0 S03	0 S 49	1 17	0 N43	0 N13	1 02	5 42	5 26	0 18	22 26
17	0 38	1 36	2 21	1 15	0 S18	0 S48	1 02	5 11	4 56	0 18	22 28
19	0 24	3 07	3 52	1 13	1 19	1 50	1 02	4 41	4 25	0 17	22 29
21	0 N10	4 36	5 20	1 10	2 20	2 51	1 01	4 10	3 55	0 17	22 31
23	0 S04	6 04	6 47	1 07	3 21	3 52	1 01	3 39	3 24	0 17	22 33
25	0 19	7 29	8 11	1 04	4 22	4 52	1 00	3 08	2 53	0 17	22 34
27	0 34	8 52	9 33	1 01	5 23	5 53	1 00	2 37	2 22	0 16	22 36
29	0 49	10 13	10 S 52	0 58	6 23	6 S53	0 59	2 06	1 N 51	0 16	22 38
31	1 S03	11 S31		0 N 54	7 S22		0 N 59	1 N35		0 N 16	22 S 39

FIRST QUARTER – Sep. 6,03h.10m. (13°♐ 15′)

FULL MOON – Sep.14,04h.33m. (21° ♓ 05′)

D	☿	♀	♂	♃	♄	♅	♆	♇	Lunar Aspects								
M	Long.	Long.	Long.	Long.	Long.	Long.	Long.	Long.	☉	☿	♀	♂	♃	♄	♅	♆	♇
	° ′	° ′	° ′	° ′	° ′	° ′	° ′	° ′									
1	6♍16	13♍47	9♍05	15♐10	14♑08	6♉27	17♓33	20♑52	⚺	⚺	⚺	⚺	✱	□			
2	8 13	15 01	9 43	15 14	14R 07	6R 26	17R 31	20R 51	∠	∠		∠					□
3	10 10	16 16	10 21	15 18	14 05	6 25	17 30	20 51	✱	✱	∠	✱	∠	✱	☍	⚼	
4	12 05	17 30	11 00	15 22	14 04	6 24	17 28	20 50			✱		⚺			△	✱
5	14 00	18 44	11 38	15 27	14 03	6 23	17 27	20 49						∠			∠
6	15 53	19 59	12 16	15 31	14 01	6 21	17 25	20 48	□	□	□	□	☌	⚺	⚼	□	⚺
7	17 45	21 13	12 55	15 36	14 00	6 20	17 23	20 48							△		
8	19 37	22 28	13 33	15 41	13 59	6 19	17 22	20 47	△			△	⚺	●		✱	
9	21 27	23 42	14 11	15 46	13 58	6 18	17 20	20 46		△	△	⚼	∠				☌
10	23 16	24 57	14 49	15 51	13 58	6 16	17 18	20 46	⚼	⚼	⚼				□	∠	
11	25 04	26 11	15 28	15 57	13 57	6 15	17 17	20 45					✱	⚺		⚺	⚺
12	26 51	27 26	16 06	16 02	13 56	6 13	17 15	20 44						∠	✱		∠
13	28♍36	28 40	16 44	16 08	13 56	6 12	17 13	20 44				☍	□	✱		☌	
14	0♎21	29♍55	17 23	16 14	13 55	6 10	17 12	20 43	☍		☍				∠		✱
15	2 04	1♎09	18 01	16 20	13 55	6 09	17 10	20 43		☍					⚺		
16	3 46	2 24	18 39	16 26	13 55	6 07	17 08	20 42					△	□		⚺	□
17	5 28	3 38	19 18	16 32	13 55	6 06	17 07	20 42				⚼	⚼		☌	∠	
18	7 08	4 53	19 56	16 38	13D 55	6 04	17 05	20 41	⚼					△		✱	
19	8 47	6 07	20 35	16 45	13 55	6 02	17 04	20 41	△	⚼	⚼	△		⚼			△
20	10 25	7 22	21 13	16 52	13 55	6 01	17 02	20 40		△	△				⚺		⚼
21	12 02	8 36	21 51	16 59	13 55	5 59	17 00	20 40				□	☍		∠	□	
22	13 38	9 51	22 30	17 06	13 55	5 57	16 59	20 40	□		□				✱		
23	15 14	11 05	23 08	17 13	13 56	5 55	16 57	20 39		□		✱		☍		△	☍
24	16 48	12 20	23 47	17 20	13 56	5 53	16 55	20 39	✱				⚼		□	⚼	
25	18 21	13 35	24 25	17 28	13 57	5 51	16 54	20 39	∠	✱	✱	∠	△				
26	19 53	14 49	25 04	17 35	13 58	5 49	16 52	20 39	⚺	∠	∠	⚺		⚼	△		⚼
27	21 25	16 04	25 42	17 43	13 59	5 47	16 51	20 39		⚺	⚺		□	△	⚼	☍	△
28	22 55	17 18	26 21	17 51	14 00	5 45	16 49	20 38	☌			☌					
29	24 25	18 33	26 59	17 59	14 01	5 43	16 48	20 38			☌		✱	□			□
30	25♎53	19♎47	27♍38	18♐07	14♑02	5♉41	16♓46	20♑38	⚺	☌		⚺	∠		☍	⚼	

D	Saturn		Uranus		Neptune		Pluto	
M	Lat.	Dec.	Lat.	Dec.	Lat.	Dec.	Lat.	Dec.
	° ′	° ′	° ′	° ′	° ′	° ′	° ′	° ′
1	0N14	22S27	0S31	13N11	1S03	5S53	0S30	22S18
3	0 14	22 28	0 31	13 10	1 03	5 55	0 30	22 19
5	0 13	22 28	0 31	13 10	1 03	5 56	0 30	22 19
7	0 13	22 29	0 31	13 09	1 03	5 57	0 30	22 20
9	0 13	22 29	0 31	13 08	1 03	5 59	0 30	22 20
11	0 13	22 30	0 31	13 07	1 03	6 00	0 30	22 20
13	0 13	22 30	0 31	13 06	1 04	6 01	0 31	22 21
15	0 12	22 30	0 31	13 05	1 04	6 03	0 31	22 21
17	0 12	22 31	0 31	13 04	1 04	6 04	0 31	22 21
19	0 12	22 31	0 31	13 03	1 04	6 05	0 31	22 21
21	0 12	22 31	0 31	13 02	1 04	6 06	0 31	22 22
23	0 12	22 31	0 31	13 00	1 04	6 08	0 31	22 22
25	0 11	22 31	0 31	12 59	1 04	6 09	0 32	22 22
27	0 11	22 31	0 31	12 58	1 04	6 10	0 32	22 22
29	0 11	22 31	0 31	12 56	1 04	6 11	0 32	22 23
31	0N11	22S31	0S31	12N55	1S04	6S13	0S32	22S23

Mutual Aspects

1 ☿△♅. ☿⚼♇. ♀△♄.
2 ☉☌♂. ♀□♃.
3 ☿☌♂.
4 ☉☌☿. ♀☍♆. ☿∥♂.
5 ☿△♄. ♀#♆.
6 ☉△♄. ☿□♃. ♃∥♇.
7 ☿☍♆. ♀⚼♅. ♀△♇. ☉∥☿. ☉#♆.
☿#♆.
8 ☉□♃.
9 ☿⚼♅. ☿△♇. ♂△♄.
10 ☉☍♆.
12 ♂□♃. ☿∥♀.
13 ☉△♇. ☿☌♀.
14 ☉⚼♅. ☿±♅. ♀±♅. ♂☍♆. ♂#♆.
16 ☿Q♃. ☿#♀.
17 ☿▽♅.
18 ♀Q♃. ☉#☿. ♄Stat.
19 ♀▽♅. ♂△♇. ☉#♀.
20 ♂⚼♅.
21 ♃□♆. ☿#♂. ♃∥♄.
22 ☿□♄.
23 ☉±♅. ☿∥♆. ♀#♂.
24 ☿✱♃. ☿▽♆.
25 ♀□♄. 26 ☿□♇.
28 ☿±♆. ♀✱♃. ♀▽♆.
29 ☉Q♃. ☉▽♅. ☉#♂. ♀∥♆.

LAST QUARTER – Sep.22,02h.41m. (28° ♊ 49′)

NEW MOON–Oct.28,03h.38m. (4°♏25′)

D M	D W	Sidereal Time	☉ Long.	☉ Dec.	☽ Long.	☽ Lat.	☽ Dec.	☽ Node	24h. ☽ Long.	24h. ☽ Dec.
		h m s	° ′ ″	° ′	° ′ ″	° ′	° ′	° ′	° ′ ″	° ′
1	T	12 39 44	8 ♎ 01 07	3 S 11	16 ♏ 01 19	4 N14	12 S 35	13 ♋ 05	23 ♏ 08 54	14 S 49
2	W	12 43 41	9 00 07	3 34	0 ♐ 09 04	3 27	16 49	13 02	7 ♐ 01 41	18 33
3	Th	12 47 38	9 59 10	3 57	13 46 50	2 29	19 59	12 59	20 24 46	21 08
4	F	12 51 34	10 58 15	4 20	26 55 50	1 25	21 59	12 56	3 ♑ 20 34	22 32
5	S	12 55 31	11 57 21	4 44	9 ♑ 39 31	0 N19	22 46	12 53	15 53 17	22 44
6	Su	12 59 27	12 56 29	5 07	22 02 33	0 S47	22 24	12 49	28 07 57	21 48
7	M	13 03 24	13 55 39	5 30	4 ♒ 10 09	1 48	20 58	12 46	10 ♒ 09 47	19 54
8	T	13 07 20	14 54 50	5 53	16 07 27	2 44	18 37	12 43	22 03 42	17 09
9	W	13 11 17	15 54 03	6 15	27 59 06	3 33	15 30	12 40	3 ♓ 54 06	13 42
10	Th	13 15 13	16 53 19	6 38	9 ♓ 49 08	4 12	11 46	12 37	15 44 34	9 44
11	F	13 19 10	17 52 36	7 01	21 40 45	4 40	7 35	12 34	27 37 56	5 22
12	S	13 23 07	18 51 55	7 23	3 ♈ 36 22	4 56	3 S06	12 30	9 ♈ 36 14	0 S47
13	Su	13 27 03	19 51 15	7 46	15 37 41	4 59	1 N33	12 27	21 40 50	3 N53
14	M	13 31 00	20 50 38	8 08	27 45 48	4 49	6 11	12 24	3 ♉ 52 42	8 26
15	T	13 34 56	21 50 03	8 30	10 ♉ 01 35	4 25	10 38	12 21	16 12 36	12 43
16	W	13 38 53	22 49 31	8 53	22 25 50	3 48	14 42	12 18	28 41 26	16 32
17	Th	13 42 49	23 49 00	9 15	4 ♊ 59 34	3 00	18 11	12 15	11 ♊ 20 28	19 38
18	F	13 46 46	24 48 32	9 36	17 44 20	2 02	20 51	12 11	24 11 27	21 49
19	S	13 50 42	25 48 06	9 58	0 ♋ 42 07	0 S56	22 30	12 08	7 ♋ 16 39	22 52
20	Su	13 54 39	26 47 42	10 20	13 55 21	0 N13	22 56	12 05	20 38 34	22 39
21	M	13 58 36	27 47 20	10 41	27 26 34	1 24	22 02	12 02	4 ♌ 19 35	21 05
22	T	14 02 32	28 47 01	11 02	11 ♌ 17 47	2 31	19 49	11 59	18 21 13	18 13
23	W	14 06 29	29 ♎ 46 44	11 24	25 29 51	3 31	16 20	11 55	2 ♍ 43 27	14 11
24	Th	14 10 25	0 ♏ 46 30	11 45	10 ♍ 01 37	4 19	11 48	11 52	17 23 50	9 13
25	F	14 14 22	1 46 17	12 05	24 49 19	4 50	6 30	11 49	2 ♎ 17 11	3 N40
26	S	14 18 18	2 46 07	12 26	9 ♎ 46 22	5 02	0 N46	11 46	17 15 45	2 S09
27	Su	14 22 15	3 45 58	12 46	24 44 07	4 53	5 S01	11 43	2 ♏ 10 15	7 49
28	M	14 26 11	4 45 52	13 06	9 ♏ 33 03	4 25	10 29	11 40	16 51 27	12 58
29	T	14 30 08	5 45 48	13 26	24 04 34	3 40	15 14	11 36	1 ♐ 11 42	17 15
30	W	14 34 05	6 45 46	13 46	8 ♐ 12 20	2 42	19 00	11 33	15 06 10	20 27
31	Th	14 38 01	7 ♏ 45 45	14 S 06	21 ♐ 53 02	1 N37	21 S 35	11 ♋ 30	28 ♐ 33 01	22 S 23

D M	Mercury Lat.	Mercury Dec.	Mercury Dec.	Venus Lat.	Venus Dec.	Venus Dec.	Mars Lat.	Mars Dec.	Mars Dec.	Jupiter Lat.	Jupiter Dec.
	° ′	° ′	° ′	° ′	° ′	° ′	° ′	° ′	° ′	° ′	° ′
1	1 S 03	11 S 31	12 S 09	0 N 54	7 S 22	7 S 52	0 N 59	1 N35	1 N 19	0 N 16	22 S 39
3	1 18	12 46	13 22	0 50	8 21	8 50	0 58	1 04	0 48	0 15	22 41
5	1 32	13 58	14 33	0 46	9 19	9 48	0 58	0 33	0 N 17	0 15	22 43
7	1 46	15 06	15 40	0 42	10 17	10 45	0 57	0 N01	0 S 14	0 15	22 45
9	1 59	16 12	16 43	0 38	11 13	11 41	0 57	0 S30	0 45	0 15	22 46
11	2 12	17 13	17 42	0 33	12 09	12 36	0 56	1 01	1 17	0 14	22 48
13	2 24	18 10	18 37	0 29	13 03	13 30	0 56	1 32	1 48	0 14	22 50
15	2 34	19 03	19 28	0 24	13 56	14 22	0 55	2 03	2 19	0 14	22 52
17	2 44	19 51	20 14	0 19	14 48	15 13	0 54	2 34	2 50	0 13	22 53
19	2 52	20 34	20 54	0 14	15 38	16 03	0 54	3 06	3 21	0 13	22 55
21	2 58	21 11	21 27	0 09	16 27	16 51	0 53	3 37	3 52	0 13	22 57
23	3 02	21 42	21 54	0 N 04	17 14	17 37	0 53	4 08	4 23	0 13	22 58
25	3 04	22 05	22 14	0 S 01	17 59	18 21	0 52	4 38	4 54	0 12	23 00
27	3 02	22 20	22 24	0 06	18 43	19 03	0 51	5 09	5 24	0 12	23 01
29	2 56	22 25	22 S 24	0 11	19 24	19 S 44	0 51	5 40	5 S 55	0 12	23 03
31	2 S 46	22 S 19		0 S 17	20 S 03		0 N 50	6 S 10		0 N 12	23 S 04

FIRST QUARTER–Oct. 5,16h.47m. (12°♑09′)

FULL MOON – Oct.13,21h.08m. (20°♈14′)

D M	☿ Long.	♀ Long.	♂ Long.	♃ Long.	♄ Long.	♅ Long.	♆ Long.	♇ Long.	☉	☿	♀	♂	♃	♄	♅	♆	♇
	° ′	° ′	° ′	° ′	° ′	° ′	° ′	° ′									
1	27♎21	21♎02	28♍16	18♐15	14♑03	5♉39	16♓45	20♑38			⚺	∠	⚺	✱		△	✱
2	28♎48	22 17	28 55	18 23	14 04	5R 37	16R 43	20R 38	∠	⚺		✱		∠			∠
3	0♏13	23 31	29♍34	18 32	14 06	5 35	16 42	20D 38	✱	∠	∠		☌	⚺		□	
4	1 38	24 46	0♎12	18 41	14 07	5 33	16 40	20 38		✱	✱	□			⚼		⚺
5	3 02	26 00	0 51	18 49	14 09	5 31	16 39	20 38	□					●	△		
6	4 25	27 15	1 30	18 58	14 11	5 29	16 37	20 38			□		⚺			✱	☌
7	5 46	28 30	2 08	19 07	14 13	5 26	16 36	20 38		□		△	∠		□	∠	
8	7 07	29♎44	2 47	19 16	14 15	5 24	16 34	20 38	△			⚼	✱	⚺		⚺	⚺
9	8 26	0♏59	3 26	19 26	14 17	5 22	16 33	20 39	⚼		△			∠			
10	9 44	2 13	4 04	19 35	14 19	5 20	16 32	20 39		△				✱	✱		∠
11	11 01	3 28	4 43	19 44	14 21	5 17	16 30	20 39		⚼	⚼		□		∠	☌	✱
12	12 16	4 42	5 22	19 54	14 23	5 15	16 29	20 39				☍			⚺		
13	13 30	5 57	6 00	20 04	14 26	5 13	16 28	20 40	☍				△	□		⚺	□
14	14 43	7 12	6 39	20 14	14 28	5 10	16 26	20 40								∠	
15	15 53	8 26	7 18	20 23	14 31	5 08	16 25	20 40			☍		⚼	△	☌		
16	17 02	9 41	7 57	20 33	14 33	5 05	16 24	20 41		☍		⚼				✱	△
17	18 09	10 55	8 36	20 44	14 36	5 03	16 22	20 41	⚼			△		⚼	⚺		⚼
18	19 14	12 10	9 14	20 54	14 39	5 01	16 21	20 41					☍		∠	□	
19	20 16	13 24	9 53	21 04	14 42	4 58	16 20	20 42	△	⚼	⚼				✱		
20	21 16	14 39	10 32	21 15	14 45	4 56	16 19	20 42			△	□		☍		△	
21	22 13	15 54	11 11	21 25	14 48	4 53	16 18	20 43	□	△						⚼	☍
22	23 06	17 08	11 50	21 36	14 51	4 51	16 17	20 43			□	✱	⚼		□		
23	23 56	18 23	12 29	21 46	14 55	4 48	16 16	20 44	✱	□		∠	△	⚼			
24	24 43	19 37	13 08	21 57	14 58	4 46	16 14	20 45	∠			⚺		△	△	☍	⚼
25	25 25	20 52	13 47	22 08	15 01	4 44	16 13	20 45	⚺	✱	✱		□		⚼		△
26	26 02	22 06	14 26	22 19	15 05	4 41	16 12	20 46		∠	∠	☌		□			
27	26 34	23 21	15 05	22 30	15 09	4 39	16 11	20 47		⚺	⚺		✱			⚼	□
28	27 00	24 36	15 44	22 41	15 12	4 36	16 10	20 47	☌			⚺	∠	✱	☍	△	
29	27 20	25 50	16 23	22 53	15 16	4 34	16 10	20 48		☌	☌		⚺	∠			✱
30	27 33	27 05	17 02	23 04	15 20	4 31	16 09	20 49	⚺			∠					∠
31	27♏38	28♏19	17♎41	23♐15	15♑24	4♉29	16♓08	20♑50	∠	⚺		✱	☌	⚺	⚼	□	⚺

(Lunar Aspects: columns ☉ ☿ ♀ ♂ ♃ ♄ ♅ ♆ ♇)

D M	Saturn Lat.	Saturn Dec.	Uranus Lat.	Uranus Dec.	Neptune Lat.	Neptune Dec.	Pluto Lat.	Pluto Dec.
	° ′	° ′	° ′	° ′	° ′	° ′	° ′	° ′
1	0N11	22S31	0S31	12N55	1S04	6S13	0S32	22S23
3	0 11	22 31	0 31	12 54	1 04	6 14	0 32	22 23
5	0 10	22 31	0 31	12 52	1 04	6 15	0 32	22 23
7	0 10	22 31	0 31	12 51	1 03	6 16	0 33	22 23
9	0 10	22 30	0 31	12 49	1 03	6 17	0 33	22 23
11	0 10	22 30	0 31	12 48	1 03	6 18	0 33	22 23
13	0 10	22 30	0 31	12 46	1 03	6 19	0 33	22 24
15	0 09	22 29	0 31	12 45	1 03	6 20	0 33	22 24
17	0 09	22 29	0 31	12 43	1 03	6 21	0 33	22 24
19	0 09	22 29	0 31	12 41	1 03	6 22	0 33	22 24
21	0 09	22 28	0 31	12 40	1 03	6 23	0 34	22 24
23	0 09	22 28	0 31	12 38	1 03	6 24	0 34	22 24
25	0 09	22 27	0 31	12 36	1 03	6 24	0 34	22 24
27	0 08	22 26	0 31	12 35	1 03	6 25	0 34	22 23
29	0 08	22 26	0 31	12 33	1 03	6 26	0 34	22 23
31	0N08	22S25	0S31	12N32	1S03	6S26	0S34	22S23

Mutual Aspects

1 ♀□♇.
2 ☿⚺♂. ♀±♆.
3 ♂±♅. ☿#♅. ♇ Stat.
4 ☿Q♄. ☿⚼♆.
6 ☿∠♃.
7 ☉□♄. ☿☍♅.
9 ☿Q♇. ♀⚼♆. ☉∥♆.
10 ☉∇♆. ♀Q♄.
11 ☿⊥♂.
12 ♀∠♃. ♀☍♅. ♂∇♅. ♀#♅.
13 ☉✱♃. ♀⚺♂.
14 ☉□♇. ☿⊥♃. ☿✱♄. ♃⚼♅.
15 ☿△♆. ♀Q♇.
16 ☉±♆.
17 ♂Q♃. ♃⚺♇.
19 ☿✱♇.
20 ☿⚺♃. ♀✱♄.
21 ♀⊥♃. ♀△♆.
23 ♀⊥♂. 24 ☉⚼♆.
25 ♀✱♇.
26 ☉Q♄. ♀⚺♃. ☉#♅.
27 ♂□♄.
28 ☉☍♅. ☿∥♇.
29 ♂∇♆.
30 ☿☌♀. ☿∥♇.
31 ☿ Stat.

LAST QUARTER – Oct.21,12h.39m. (27°♋49′)

NEW MOON–Nov.26,15h.06m. (4°♐03′)

D M	D W	Sidereal Time	☉ Long.	☉ Dec.	☽ Long.	☽ Lat.	☽ Dec.	☽ Node	24h. ☽ Long.	24h. ☽ Dec.
		h m s	° ′ ″	° ′	° ′ ″	° ′	° ′	° ′	° ′ ″	° ′
1	F	14 41 58	8 ♏ 45 46	14 S 25	5 ♑ 06 19	0 N28	22 S 53	11 ♋ 27	11 ♑ 33 15	23 S 03
2	S	14 45 54	9 45 49	14 44	17 54 17	0 S 41	22 55	11 24	24 09 56	22 29
3	Su	14 49 51	10 45 54	15 03	0 ♒ 20 48	1 45	21 47	11 20	6 ♒ 27 29	20 50
4	M	14 53 47	11 46 00	15 22	12 30 40	2 43	19 40	11 17	18 30 59	18 17
5	T	14 57 44	12 46 07	15 40	24 29 07	3 34	16 43	11 14	0 ♓ 25 42	14 59
6	W	15 01 40	13 46 16	15 58	6 ♓ 21 20	4 14	13 07	11 11	12 16 38	11 07
7	Th	15 05 37	14 46 27	16 16	18 12 08	4 44	9 01	11 08	24 08 19	6 49
8	F	15 09 34	15 46 39	16 34	0 ♈ 05 39	5 01	4 S 34	11 05	6 ♈ 04 33	2 S 15
9	S	15 13 30	16 46 52	16 51	12 05 19	5 05	0 N06	11 01	18 08 17	2 N27
10	Su	15 17 27	17 47 08	17 08	24 13 39	4 56	4 48	10 58	0 ♉ 21 37	7 08
11	M	15 21 23	18 47 25	17 25	6 ♉ 32 18	4 33	9 24	10 55	12 45 47	11 36
12	T	15 25 20	19 47 43	17 41	19 02 08	3 56	13 41	10 52	25 21 20	15 39
13	W	15 29 16	20 48 04	17 57	1 ♊ 43 24	3 08	17 26	10 49	8 ♊ 08 19	19 03
14	Th	15 33 13	21 48 26	18 13	14 36 04	2 08	20 25	10 46	21 06 37	21 33
15	F	15 37 09	22 48 50	18 28	27 39 59	1 S 02	22 23	10 42	4 ♋ 16 09	22 56
16	S	15 41 06	23 49 15	18 44	10 ♋ 55 11	0 N10	23 09	10 39	17 37 06	23 02
17	Su	15 45 03	24 49 43	18 58	24 21 59	1 21	22 35	10 36	1 ♌ 09 53	21 47
18	M	15 48 59	25 50 12	19 13	8 ♌ 00 54	2 30	20 40	10 33	14 55 04	19 15
19	T	15 52 56	26 50 44	19 27	21 52 24	3 31	17 32	10 30	28 52 55	15 33
20	W	15 56 52	27 51 17	19 41	5 ♍ 56 32	4 20	13 21	10 26	13 ♍ 03 04	10 57
21	Th	16 00 49	28 51 52	19 54	20 12 19	4 53	8 22	10 23	27 23 55	5 41
22	F	16 04 45	29 ♏ 52 28	20 07	4 ♎ 37 25	5 09	2 N54	10 20	11 ♎ 52 18	0 N04
23	S	16 08 42	0 ♐ 53 06	20 20	19 07 54	5 05	2 S 47	10 17	26 23 30	5 S 35
24	Su	16 12 38	1 53 46	20 32	3 ♏ 38 22	4 42	8 18	10 14	10 ♏ 51 39	10 54
25	M	16 16 35	2 54 28	20 44	18 02 35	4 01	13 21	10 11	25 10 25	15 35
26	T	16 20 32	3 55 11	20 56	2 ♐ 14 25	3 05	17 35	10 07	9 ♐ 14 01	19 18
27	W	16 24 28	4 55 56	21 07	16 08 41	2 00	20 44	10 04	22 58 03	21 51
28	Th	16 28 25	5 56 41	21 18	29 41 53	0 N49	22 37	10 01	6 ♑ 20 04	23 04
29	F	16 32 21	6 57 28	21 28	12 ♑ 52 36	0 S 23	23 12	9 58	19 19 37	23 00
30	S	16 36 18	7 ♐ 58 16	21 S 38	25 ♑ 41 21	1 S 32	22 S 31	9 ♋ 55	1 ♒ 58 08	21 S 44

D M	Mercury Lat.	Mercury Dec.		Venus Lat.	Venus Dec.		Mars Lat.	Mars Dec.		Jupiter Lat.	Jupiter Dec.
	° ′	° ′	° ′	° ′	° ′	° ′	° ′	° ′	° ′	° ′	° ′
1	2 S 38	22 S 11	22 S 00	0 S 19	20 S 22	20 S 40	0 N 50	6 S 25	6 S 41	0 N 12	23 S 05
3	2 19	21 45	21 26	0 24	20 58	21 15	0 49	6 56	7 11	0 11	23 06
5	1 53	21 03	20 36	0 30	21 32	21 48	0 48	7 26	7 41	0 11	23 08
7	1 21	20 05	19 31	0 35	22 03	22 18	0 47	7 56	8 11	0 11	23 09
9	0 43	18 53	18 13	0 40	22 32	22 45	0 47	8 25	8 40	0 11	23 10
11	0 S 02	17 32	16 50	0 45	22 58	23 10	0 46	8 55	9 10	0 10	23 11
13	0 N39	16 09	15 30	0 50	23 22	23 32	0 45	9 24	9 39	0 10	23 12
15	1 15	14 55	14 24	0 55	23 42	23 52	0 44	9 53	10 08	0 10	23 13
17	1 45	13 57	13 36	1 00	24 00	24 08	0 44	10 22	10 36	0 10	23 14
19	2 07	13 20	13 10	1 04	24 16	24 22	0 43	10 51	11 05	0 10	23 15
21	2 21	13 05	13 05	1 09	24 28	24 33	0 42	11 19	11 33	0 09	23 15
23	2 28	13 09	13 17	1 13	24 37	24 41	0 41	11 47	12 01	0 09	23 16
25	2 29	13 29	13 44	1 17	24 43	24 45	0 40	12 15	12 28	0 09	23 17
27	2 26	14 02	14 21	1 21	24 47	24 47	0 39	12 42	12 55	0 09	23 17
29	2 19	14 43	15 S 06	1 25	24 47	24 S 46	0 39	13 09	13 S 22	0 08	23 18
31	2 N09	15 S 30		1 S 29	24 S 44		0 N 38	13 S 36		0 N 08	23 S 18

FIRST QUARTER–Nov. 4,10h.23m. (11°♒42′)

FULL MOON–Nov.12,13h.34m. (19°♉52′)

D M	☿ Long.	♀ Long.	♂ Long.	♃ Long.	♄ Long.	♅ Long.	♆ Long.	♇ Long.	☉	☿	♀	♂	♃	♄	♅	♆	♇
	° ′	° ′	° ′	° ′	° ′	° ′	° ′	° ′									
1	27♏35	29♏34	18♎20	23♐27	15♑28	4♉26	16♓07	20♑51	⚹		⊻				△		
2	27R 24	0♐48	18 59	23 39	15 32	4R 24	16R 06	20 52		∠	∠	□	⊻	●		⚹	☌
3	27 03	2 03	19 38	23 50	15 36	4 21	16 05	20 52		⚹	⚹				□	∠	
4	26 32	3 18	20 18	24 02	15 41	4 19	16 04	20 53	□				∠	⊻		⊻	
5	25 52	4 32	20 57	24 14	15 45	4 17	16 04	20 54		□		△	⚹				⊻
6	25 02	5 47	21 36	24 26	15 49	4 14	16 03	20 55			□	⚻		∠	⚹		∠
7	24 04	7 01	22 15	24 38	15 54	4 12	16 02	20 56	△	△				⚹	∠	☌	⚹
8	22 57	8 16	22 54	24 50	15 58	4 09	16 02	20 57	⚻				□		⊻		
9	21 44	9 30	23 34	25 02	16 03	4 07	16 01	20 58		⚻	△			□		⊻	
10	20 27	10 45	24 13	25 14	16 08	4 04	16 00	20 59			⚻	☍	△				□
11	19 07	11 59	24 52	25 26	16 13	4 02	16 00	21 01					⚻		☌	∠	
12	17 48	13 14	25 31	25 39	16 18	4 00	15 59	21 02	☍	☍				△		⚹	△
13	16 31	14 28	26 11	25 51	16 22	3 57	15 59	21 03						⚻	⊻		⚻
14	15 20	15 43	26 50	26 03	16 27	3 55	15 58	21 04			☍	⚻			∠	□	
15	14 16	16 57	27 29	26 16	16 33	3 53	15 58	21 05		⚻		△	☍		⚹		
16	13 21	18 11	28 09	26 28	16 38	3 51	15 58	21 07	⚻	△				☍		△	
17	12 38	19 26	28 48	26 41	16 43	3 48	15 57	21 08	△			□				⚻	☍
18	12 05	20 40	29♎28	26 54	16 48	3 46	15 57	21 09		□	⚻		⚻		□		
19	11 45	21 55	0♏07	27 06	16 53	3 44	15 57	21 10	□		△		△				
20	11 36	23 09	0 47	27 19	16 59	3 42	15 56	21 12		⚹		⚹		⚻	△		⚻
21	11D 38	24 24	1 26	27 32	17 04	3 39	15 56	21 13		∠	□	∠		△	⚻	☍	△
22	11 51	25 38	2 06	27 45	17 10	3 37	15 56	21 14	⚹			⊻	□				
23	12 13	26 53	2 45	27 58	17 15	3 35	15 56	21 16	∠	⊻				□			□
24	12 44	28 07	3 25	28 11	17 21	3 33	15 56	21 17	⊻		⚹	☌	⚹		☍	⚻	
25	13 24	29♐21	4 04	28 24	17 27	3 31	15 56	21 19		☌	∠		∠	⚹		△	⚹
26	14 10	0♑36	4 44	28 37	17 32	3 29	15 56	21 20	☌		⊻	⊻	⊻	∠			∠
27	15 03	1 50	5 24	28 50	17 38	3 27	15 56	21 22		⊻		∠		⊻	⚻	□	⊻
28	16 01	3 05	6 03	29 03	17 44	3 25	15D 56	21 23		∠	☌		●		△		
29	17 04	4 19	6 43	29 17	17 50	3 23	15 56	21 25	⊻	⚹		⚹		●		⚹	
30	18♏11	5♑33	7♏23	29♐30	17♑56	3♉21	15♓56	21♑26	∠				⊻			∠	☌

D M	Saturn Lat.	Saturn Dec.	Uranus Lat.	Uranus Dec.	Neptune Lat.	Neptune Dec.	Pluto Lat.	Pluto Dec.
	° ′	° ′	° ′	° ′	° ′	° ′	° ′	° ′
1	0N08	22S25	0S31	12N31	1S03	6S27	0S34	22S23
3	0 08	22 24	0 31	12 29	1 03	6 27	0 35	22 23
5	0 08	22 23	0 31	12 27	1 03	6 28	0 35	22 23
7	0 07	22 22	0 31	12 26	1 03	6 28	0 35	22 23
9	0 07	22 21	0 31	12 24	1 03	6 29	0 35	22 23
11	0 07	22 20	0 31	12 23	1 03	6 29	0 35	22 22
13	0 07	22 19	0 31	12 21	1 03	6 30	0 35	22 22
15	0 07	22 18	0 31	12 20	1 03	6 30	0 35	22 22
17	0 07	22 17	0 31	12 18	1 03	6 30	0 36	22 22
19	0 06	22 16	0 31	12 17	1 03	6 30	0 36	22 22
21	0 06	22 15	0 31	12 15	1 03	6 31	0 36	22 21
23	0 06	22 13	0 31	12 14	1 03	6 31	0 36	22 21
25	0 06	22 12	0 31	12 12	1 03	6 31	0 36	22 21
27	0 06	22 11	0 31	12 11	1 02	6 31	0 36	22 20
29	0 06	22 09	0 31	12 10	1 02	6 31	0 37	22 20
31	0N05	22S08	0S30	12N09	1S02	6S30	0S37	22S20

Mutual Aspects

1 ☉∠♃. ☉Q♇. ♂ ∥ ♆.
2 ♀∠♄.
4 ☿⊥♂. ☿ ∥ ♀.
5 ♀▽♅. ♂□♇. ♄ ∥ ♇.
6 ♀∠♇.
7 ☿⊻♃. ♀∠♂. ♂±♆.
8 ☉⚹♄. ☉△♆. ☿⊻♂. ♀ ∥ ♄. ♀ ∥ ♇.
9 ♀⊥♄. ♀±♅. ♄⚹♆.
10 ☿⚹♇.
11 ☉☌☿. ☿⊥♃. ☉ ∥ ☿.
12 ☉⊥♃. ♂⚹♃. ♀ ∥ ♃.
13 ☉⚹♇. ☿⚹♄. ☿△♆. ♀⊥♇.
14 ☿⊻♀. ♀□♆.
15 ♀⊻♄.
17 ☿⊥♀. ♀⚻♅.
18 ☿∠♃. ♀⊻♇.
19 ☉⊻♃.
20 ♂⚻♆. ☿Stat.
23 ☿∠♀.
24 ☉∠♄. ♀☌♃. ♂☍♅.
25 ☿∠♃. ♂ # ♅.
26 ☉▽♅.
27 ♂Q♄. ♆Stat.
28 ☉⊻♂. ☉∠♇. ☿△♆. ♀△♅.
29 ♀Q♆. 30 ☿⚹♄.

LAST QUARTER–Nov.19,21h.11m. (27°♌14′)

NEW MOON–Dec.26,05h.13m. (4°♑07′)

D M	D W	Sidereal Time	☉ Long.	☉ Dec.	☽ Long.	☽ Lat.	☽ Dec.	☽ Node	24h. ☽ Long.	24h. ☽ Dec.
		h m s	° ′ ″	° ′	° ′ ″	° ′	° ′	° ′	° ′ ″	° ′
1	Su	16 40 14	8 ♐ 59 05	21 S 48	8 ♒ 10 23	2 S 35	20 S 43	9 ♋ 52	14 ♒ 18 34	19 S 27
2	M	16 44 11	9 59 55	21 57	20 23 13	3 29	17 59	9 48	26 24 54	16 21
3	T	16 48 07	11 00 46	22 06	2 ♓ 24 12	4 13	14 33	9 45	8 ♓ 21 45	12 37
4	W	16 52 04	12 01 38	22 14	14 18 10	4 46	10 34	9 42	20 14 04	8 26
5	Th	16 56 01	13 02 30	22 22	26 10 03	5 07	6 13	9 39	2 ♈ 06 43	3 S 56
6	F	16 59 57	14 03 24	22 29	8 ♈ 04 37	5 14	1 S 36	9 36	14 04 19	0 N 45
7	S	17 03 54	15 04 18	22 36	20 06 16	5 08	3 N 06	9 32	26 10 55	5 27
8	Su	17 07 50	16 05 13	22 43	2 ♉ 18 40	4 48	7 46	9 29	8 ♉ 29 51	10 02
9	M	17 11 47	17 06 08	22 49	14 44 44	4 14	12 13	9 26	21 03 31	14 17
10	T	17 15 43	18 07 05	22 54	27 26 19	3 27	16 14	9 23	3 ♊ 53 13	18 00
11	W	17 19 40	19 08 02	22 59	10 ♊ 24 13	2 28	19 34	9 20	16 59 13	20 53
12	Th	17 23 36	20 09 01	23 04	23 38 07	1 21	21 57	9 17	0 ♋ 20 44	22 42
13	F	17 27 33	21 10 00	23 09	7 ♋ 06 50	0 S 07	23 08	9 13	13 56 11	23 13
14	S	17 31 30	22 11 00	23 12	20 48 28	1 N 08	22 57	9 10	27 43 25	22 20
15	Su	17 35 26	23 12 01	23 16	4 ♌ 40 42	2 20	21 22	9 07	11 ♌ 40 02	20 04
16	M	17 39 23	24 13 03	23 19	18 41 06	3 25	18 28	9 04	25 43 38	16 36
17	T	17 43 19	25 14 06	23 21	2 ♍ 47 19	4 17	14 29	9 01	9 ♍ 51 54	12 09
18	W	17 47 16	26 15 09	23 23	16 57 06	4 55	9 40	8 58	24 02 40	7 03
19	Th	17 51 12	27 16 14	23 24	1 ♎ 08 20	5 14	4 N 21	8 54	8 ♎ 13 49	1 N 35
20	F	17 55 09	28 17 19	23 25	15 18 51	5 14	1 S 12	8 51	22 23 09	3 S 57
21	S	17 59 05	29 ♐ 18 26	23 26	29 26 24	4 56	6 40	8 48	6 ♏ 28 17	9 16
22	Su	18 03 02	0 ♑ 19 33	23 26	13 ♏ 28 28	4 19	11 45	8 45	20 26 36	14 04
23	M	18 06 59	1 20 41	23 26	27 22 22	3 28	16 11	8 42	4 ♐ 15 25	18 04
24	T	18 10 55	2 21 50	23 25	11 ♐ 05 26	2 26	19 42	8 38	17 52 07	21 02
25	W	18 14 52	3 22 59	23 24	24 35 12	1 16	22 04	8 35	1 ♑ 14 28	22 46
26	Th	18 18 48	4 24 09	23 22	7 ♑ 49 45	0 N 03	23 09	8 32	14 20 55	23 13
27	F	18 22 45	5 25 19	23 20	20 47 57	1 S 08	22 57	8 29	27 10 51	22 24
28	S	18 26 41	6 26 29	23 17	3 ♒ 29 41	2 15	21 33	8 26	9 ♒ 44 37	20 28
29	Su	18 30 38	7 27 39	23 14	15 55 51	3 14	19 08	8 23	22 03 41	17 37
30	M	18 34 34	8 28 49	23 10	28 08 25	4 02	15 54	8 19	4 ♓ 10 28	14 03
31	T	18 38 31	9 ♑ 29 59	23 S 06	10 ♓ 10 17	4 S 40	12 S 04	8 ♋ 16	16 ♓ 08 19	9 S 58

D M	Mercury Lat.	Mercury Dec.		Venus Lat.	Venus Dec.		Mars Lat.	Mars Dec.		Jupiter Lat.	Jupiter Dec.
	° ′	° ′	° ′	° ′	° ′	° ′	° ′	° ′	° ′	° ′	° ′
1	2 N 09	15 S 30	15 S 55	1 S 29	24 S 44	24 S 42	0 N 38	13 S 36	13 S 49	0 N 08	23 S 18
3	1 58	16 20	16 46	1 32	24 39	24 35	0 37	14 02	14 15	0 08	23 18
5	1 45	17 12	17 38	1 35	24 30	24 24	0 36	14 28	14 40	0 08	23 18
7	1 31	18 05	18 30	1 38	24 18	24 11	0 35	14 53	15 06	0 08	23 18
9	1 16	18 56	19 21	1 41	24 04	23 55	0 34	15 18	15 31	0 07	23 18
11	1 02	19 45	20 09	1 43	23 46	23 36	0 33	15 43	15 55	0 07	23 18
13	0 47	20 32	20 55	1 45	23 26	23 15	0 32	16 07	16 19	0 07	23 18
15	0 32	21 16	21 37	1 47	23 03	22 50	0 31	16 31	16 42	0 07	23 17
17	0 17	21 57	22 15	1 49	22 37	22 23	0 30	16 54	17 05	0 07	23 17
19	0 N 03	22 33	22 50	1 50	22 08	21 53	0 29	17 17	17 28	0 06	23 16
21	0 S 11	23 06	23 20	1 51	21 37	21 21	0 28	17 39	17 50	0 06	23 16
23	0 25	23 34	23 46	1 51	21 04	20 46	0 27	18 01	18 11	0 06	23 15
25	0 38	23 57	24 07	1 52	20 28	20 09	0 25	18 22	18 32	0 06	23 14
27	0 51	24 15	24 23	1 52	19 50	19 30	0 24	18 42	18 53	0 06	23 13
29	1 03	24 29	24 S 34	1 51	19 09	18 S 48	0 23	19 02	19 S 12	0 06	23 12
31	1 S 14	24 S 37		1 S 51	18 S 27		0 N 22	19 S 22		0 N 05	23 S 11

FIRST QUARTER–Dec. 4,06h.58m. (11°♓49′)

FULL MOON – Dec.12,05h.12m. (19° ♊ 52′)

D	☿	♀	♂	♃	♄	♅	♆	♇	Lunar Aspects								
M	Long.	Long.	Long.	Long.	Long.	Long.	Long.	Long.	☉	☿	♀	♂	♃	♄	♅	♆	♇
	° ′	° ′	° ′	° ′	° ′	° ′	° ′	° ′									
1	19♏22	6♑48	8♏02	29♐43	18♑02	3♉19	15♓56	21♑28	⚹		⊻	□			□		
2	20 36	8 02	8 42	29♐56	18 08	3R 17	15 56	21 29		□	∠		∠	⊻		⊻	⊻
3	21 52	9 16	9 22	0♑10	18 14	3 16	15 56	21 31					⚹	∠	⚹		∠
4	23 11	10 30	10 01	0 23	18 20	3 14	15 56	21 33	□		⚹	△		⚹	∠	☌	
5	24 31	11 45	10 41	0 37	18 26	3 12	15 57	21 34		△		Q	□				⚹
6	25 54	12 59	11 21	0 50	18 33	3 10	15 57	21 36		Q	□				⊻		
7	27 17	14 13	12 01	1 04	18 39	3 09	15 57	21 38	△					□		⊻	□
8	28♏42	15 27	12 41	1 17	18 45	3 07	15 58	21 39	Q				△		☌	∠	
9	0♐08	16 42	13 20	1 31	18 52	3 06	15 58	21 41			△	☍	Q	△		⚹	
10	1 35	17 56	14 00	1 44	18 58	3 04	15 58	21 43		☍	Q				⊻		△
11	3 03	19 10	14 40	1 58	19 05	3 03	15 59	21 45						Q		□	Q
12	4 31	20 24	15 20	2 12	19 11	3 01	15 59	21 46	☍						∠		
13	6 00	21 38	16 00	2 25	19 18	3 00	16 00	21 48				Q	☍		⚹		
14	7 30	22 52	16 40	2 39	19 24	2 58	16 01	21 50		Q	☍	△		☍		△	☍
15	8 59	24 06	17 20	2 53	19 31	2 57	16 01	21 52	Q	△					□	Q	
16	10 30	25 20	18 00	3 06	19 37	2 56	16 02	21 54	△			□	Q				
17	12 00	26 34	18 40	3 20	19 44	2 54	16 02	21 55					△	Q	△		Q
18	13 31	27 48	19 20	3 34	19 51	2 53	16 03	21 57		□	Q	⚹		△	Q	☍	△
19	15 02	29♑02	20 00	3 48	19 57	2 52	16 04	21 59	□		△	∠	□				
20	16 34	0♒16	20 40	4 01	20 04	2 51	16 05	22 01		⚹		⊻		□			□
21	18 05	1 30	21 20	4 15	20 11	2 50	16 05	22 03	⚹	∠	□		⚹		☍	Q	
22	19 37	2 44	22 01	4 29	20 18	2 49	16 06	22 05	∠	⊻			∠	⚹		△	
23	21 10	3 58	22 41	4 43	20 25	2 48	16 07	22 07	⊻			☌					⚹
24	22 42	5 12	23 21	4 56	20 32	2 47	16 08	22 09			⚹		⊻	∠	Q	□	∠
25	24 15	6 26	24 01	5 10	20 38	2 46	16 09	22 10		☌	∠	⊻		⊻			⊻
26	25 48	7 39	24 41	5 24	20 45	2 45	16 10	22 12	●		⊻	∠	☌		△		
27	27 21	8 53	25 22	5 38	20 52	2 45	16 11	22 14				⚹		☌		⚹	☌
28	28♐54	10 07	26 02	5 52	20 59	2 44	16 12	22 16	⊻	⊻			⊻		□	∠	
29	0♑28	11 21	26 42	6 06	21 06	2 43	16 13	22 18		∠	●		∠	⊻		⊻	
30	2 02	12 34	27 23	6 19	21 13	2 42	16 14	22 20	∠	⚹		□			⚹		⊻
31	3♑36	13♒48	28♏03	6♑33	21♑20	2♉42	16♓15	22♑22	⚹		⊻		⚹	∠			∠

D	Saturn		Uranus		Neptune		Pluto	
M	Lat.	Dec.	Lat.	Dec.	Lat.	Dec.	Lat.	Dec.
	° ′	° ′	° ′	° ′	° ′	° ′	° ′	° ′
1	0N05	22S08	0S30	12N09	1S02	6S30	0S37	22S20
3	0 05	22 06	0 30	12 07	1 02	6 30	0 37	22 19
5	0 05	22 05	0 30	12 06	1 02	6 30	0 37	22 19
7	0 05	22 03	0 30	12 05	1 02	6 30	0 37	22 19
9	0 05	22 02	0 30	12 04	1 02	6 29	0 37	22 18
11	0 05	22 00	0 30	12 03	1 02	6 29	0 37	22 18
13	0 04	21 58	0 30	12 02	1 02	6 28	0 38	22 17
15	0 04	21 57	0 30	12 01	1 02	6 28	0 38	22 17
17	0 04	21 55	0 30	12 00	1 02	6 27	0 38	22 17
19	0 04	21 53	0 30	12 00	1 02	6 27	0 38	22 16
21	0 04	21 51	0 30	11 59	1 02	6 26	0 38	22 16
23	0 04	21 49	0 30	11 58	1 02	6 25	0 38	22 15
25	0 04	21 48	0 30	11 58	1 02	6 25	0 39	22 15
27	0 03	21 46	0 30	11 57	1 02	6 24	0 39	22 14
29	0 03	21 44	0 30	11 57	1 02	6 23	0 39	22 14
31	0N03	21S42	0S30	11N57	1S02	6S22	0S39	22S13

Mutual Aspects

1 ☉±♅.
3 ☿⚹♇. ♀⚹♂. ♂Q♇. ☉∥♄.
4 ☉⊥♄.
5 ☿⊥♃. ☉∥♇.
8 ☉□♆. ☉⊥♇. ♀⚹♆.
10 ☉Q♅. ☿⊻♃.
11 ☉⊻♀. ☉⊻♄. ☿∇♅. ♀☌♄.
12 ☿∠♄.
13 ♀☌♇. ♂△♆.
14 ☉⊻♇. ☿∠♇. ☉∥♀. ♀∥♃.
15 ☉⊥♂. ☿∠♀. ☿±♅. ♃△♅.
16 ♂∠♃. ☉∥♃.
17 ☿∥♄.
18 ☿⊥♄. ☿∥♀. ☿∥♇. ♀∥♇.
19 ♂⚹♄.
20 ☿□♆. ☿⊥♇. ♃Q♆. ♀∥♄.
21 ☿Q♅. ♀∠♆.
22 ☿⊻♄. ♀□♅. ♂⚹♇. ☉∥☿. ☿∥♃.
24 ☉△♅. ☿⊻♇. ♀Q♂. ♀⊻♃.
25 ☿⊻♂. 26 ☉Q♆.
27 ☉☌♃.
28 ♀⊥♆.
29 ☉∥♃. ♀∥♂.
30 ☿△♅. ♀⊥♃.
31 ☿Q♆.

LAST QUARTER – Dec.19,04h.57m. (26° ♍ 58′)

JANUARY

D	☉ ° ′ ″	☽ ° ′ ″	☽Dec. ° ′	☿ ° ′	♀ ° ′	♂ ′
1	1 01 10	12 45 26	3 31	1 28	0 59	40
2	1 01 11	12 32 17	2 42	1 29	1 00	40
3	1 01 11	12 20 36	1 47	1 29	1 00	40
4	1 01 11	12 10 23	0 47	1 30	1 00	40
5	1 01 11	12 01 40	0 13	1 30	1 01	40
6	1 01 11	11 54 40	1 11	1 30	1 01	40
7	1 01 11	11 49 43	2 04	1 31	1 02	40
8	1 01 10	11 47 15	2 49	1 31	1 02	41
9	1 01 10	11 47 46	3 25	1 32	1 02	41
10	1 01 10	11 51 49	3 54	1 32	1 03	41
11	1 01 09	11 59 50	4 14	1 33	1 03	41
12	1 01 09	12 12 13	4 27	1 33	1 03	41
13	1 01 08	12 29 03	4 31	1 34	1 04	41
14	1 01 07	12 50 10	4 25	1 34	1 04	41
15	1 01 07	13 14 53	4 06	1 35	1 04	41
16	1 01 06	13 41 55	3 31	1 35	1 05	41
17	1 01 05	14 09 21	2 38	1 36	1 05	41
18	1 01 04	14 34 40	1 25	1 36	1 05	41
19	1 01 04	14 55 04	0 03	1 37	1 05	41
20	1 01 03	15 08 00	1 36	1 37	1 06	41
21	1 01 02	15 11 42	3 01	1 38	1 06	41
22	1 01 02	15 05 46	4 07	1 38	1 06	41
23	1 01 01	14 51 14	4 50	1 39	1 06	41
24	1 01 00	14 30 17	5 10	1 39	1 07	41
25	1 01 00	14 05 35	5 09	1 40	1 07	41
26	1 00 59	13 39 47	4 52	1 41	1 07	41
27	1 00 59	13 15 02	4 22	1 41	1 07	41
28	1 00 58	12 52 47	3 42	1 42	1 07	41
29	1 00 58	12 33 52	2 54	1 43	1 08	41
30	1 00 57	12 18 32	2 00	1 43	1 08	41
31	1 00 56	12 06 44	1 02	1 44	1 08	41

FEBRUARY

D	☉ ° ′ ″	☽ ° ′ ″	☽Dec. ° ′	☿ ° ′	♀ ° ′	♂ ′
1	1 00 55	11 58 09	0 02	1 45	1 08	41
2	1 00 55	11 52 23	0 56	1 45	1 08	41
3	1 00 54	11 49 04	1 50	1 46	1 08	41
4	1 00 52	11 47 55	2 38	1 46	1 08	41
5	1 00 51	11 48 45	3 17	1 47	1 09	41
6	1 00 50	11 51 37	3 48	1 48	1 09	41
7	1 00 49	11 56 41	4 10	1 48	1 09	41
8	1 00 47	12 04 14	4 23	1 48	1 09	41
9	1 00 46	12 14 40	4 28	1 49	1 09	41
10	1 00 44	12 28 21	4 23	1 49	1 09	41
11	1 00 43	12 45 33	4 07	1 49	1 09	41
12	1 00 41	13 06 13	3 38	1 48	1 09	41
13	1 00 39	13 29 57	2 54	1 48	1 10	41
14	1 00 38	13 55 42	1 53	1 47	1 10	41
15	1 00 36	14 21 42	0 35	1 46	1 10	41
16	1 00 34	14 45 30	0 53	1 45	1 10	41
17	1 00 33	15 04 08	2 22	1 43	1 10	41
18	1 00 31	15 14 46	3 40	1 41	1 10	40
19	1 00 29	15 15 23	4 39	1 38	1 10	40
20	1 00 28	15 05 30	5 14	1 35	1 10	40
21	1 00 26	14 46 23	5 23	1 31	1 10	40
22	1 00 25	14 20 40	5 12	1 27	1 10	40
23	1 00 23	13 51 38	4 44	1 22	1 11	40
24	1 00 22	13 22 26	4 03	1 16	1 11	40
25	1 00 21	12 55 29	3 13	1 10	1 11	40
26	1 00 19	12 32 26	2 16	1 03	1 11	40
27	1 00 18	12 14 05	1 17	0 56	1 11	40
28	1 00 16	12 00 40	0 16	0 48	1 11	40

MARCH

D	☉ ° ′ ″	☽ ° ′ ″	☽Dec. ° ′	☿ ° ′	♀ ° ′	♂ ′
1	1 00 15	11 51 58	0 43	0 39	1 11	40
2	1 00 13	11 47 29	1 39	0 30	1 11	40
3	1 00 12	11 46 37	2 28	0 21	1 11	40
4	1 00 10	11 48 39	3 10	0 12	1 11	40
5	1 00 08	11 52 57	3 44	0 02	1 11	40
6	1 00 06	11 58 57	4 08	0 07	1 11	40
7	1 00 04	12 06 19	4 24	0 16	1 11	40
8	1 00 02	12 14 54	4 30	0 24	1 11	40
9	1 00 00	12 24 46	4 26	0 32	1 11	40
10	0 59 58	12 36 13	4 12	0 39	1 12	40
11	0 59 56	12 49 36	3 44	0 45	1 12	40
12	0 59 54	13 05 17	3 04	0 50	1 12	40
13	0 59 52	13 23 27	2 09	0 54	1 12	40
14	0 59 50	13 43 50	0 59	0 56	1 12	40
15	0 59 48	14 05 35	0 21	0 57	1 12	40
16	0 59 45	14 27 06	1 46	0 57	1 12	40
17	0 59 43	14 46 04	3 06	0 56	1 12	40
18	0 59 41	14 59 41	4 14	0 54	1 12	40
19	0 59 38	15 05 20	5 02	0 50	1 12	40
20	0 59 36	15 01 21	5 26	0 46	1 12	40
21	0 59 34	14 47 39	5 28	0 41	1 12	40
22	0 59 32	14 25 50	5 08	0 36	1 12	40
23	0 59 31	13 58 44	4 31	0 30	1 12	40
24	0 59 29	13 29 36	3 40	0 24	1 12	40
25	0 59 27	13 01 25	2 42	0 18	1 12	40
26	0 59 25	12 36 25	1 38	0 12	1 12	40
27	0 59 24	12 16 03	0 34	0 06	1 12	40
28	0 59 22	12 01 01	0 28	0 00	1 12	40
29	0 59 20	11 51 28	1 26	0 05	1 12	40
30	0 59 18	11 47 07	2 17	0 11	1 12	40
31	0 59 16	11 47 27	3 01	0 16	1 12	40

APRIL

D	☉ ° ′ ″	☽ ° ′ ″	☽Dec. ° ′	☿ ° ′	♀ ° ′	♂ ′
1	0 59 14	11 51 41	3 38	0 21	1 12	40
2	0 59 12	11 58 56	4 06	0 26	1 12	40
3	0 59 11	12 08 19	4 25	0 30	1 12	40
4	0 59 09	12 18 57	4 35	0 34	1 12	40
5	0 59 07	12 30 07	4 34	0 38	1 12	40
6	0 59 04	12 41 23	4 22	0 42	1 12	40
7	0 59 02	12 52 35	3 56	0 46	1 12	40
8	0 59 00	13 03 54	3 17	0 49	1 12	40
9	0 58 58	13 15 41	2 23	0 52	1 12	40
10	0 58 56	13 28 22	1 16	0 56	1 12	40
11	0 58 54	13 42 11	0 00	0 58	1 13	39
12	0 58 51	13 56 59	1 21	1 01	1 13	39
13	0 58 49	14 12 02	2 39	1 04	1 13	39
14	0 58 47	14 25 56	3 48	1 06	1 13	39
15	0 58 44	14 36 43	4 41	1 09	1 13	39
16	0 58 42	14 42 17	5 15	1 11	1 13	39
17	0 58 40	14 40 50	5 28	1 14	1 13	39
18	0 58 38	14 31 37	5 21	1 16	1 13	39
19	0 58 36	14 15 09	4 53	1 18	1 13	39
20	0 58 34	13 53 08	4 09	1 20	1 13	39
21	0 58 32	13 28 04	3 12	1 22	1 13	39
22	0 58 31	13 02 34	2 07	1 24	1 13	39
23	0 58 29	12 38 57	0 59	1 26	1 13	39
24	0 58 27	12 18 55	0 07	1 28	1 13	39
25	0 58 26	12 03 39	1 09	1 30	1 13	39
26	0 58 24	11 53 41	2 04	1 32	1 13	39
27	0 58 22	11 49 10	2 50	1 33	1 13	39
28	0 58 21	11 49 52	3 29	1 35	1 13	39
29	0 58 19	11 55 17	4 00	1 37	1 13	39
30	0 58 18	12 04 38	4 22	1 39	1 13	39

MAY

D	☉ ° ′ ″	☽ ° ′ ″	☽Dec. ° ′	☿ ° ′	♀ ° ′	♂ ′
1	0 58 16	12 16 56	4 36	1 41	1 13	39
2	0 58 14	12 31 05	4 40	1 43	1 13	39
3	0 58 13	12 45 57	4 32	1 44	1 13	39
4	0 58 11	13 00 28	4 11	1 46	1 13	39
5	0 58 10	13 13 52	3 35	1 48	1 13	39
6	0 58 08	13 25 45	2 43	1 50	1 13	39
7	0 58 06	13 36 03	1 37	1 52	1 13	39
8	0 58 04	13 45 04	0 19	1 54	1 13	39
9	0 58 02	13 53 11	1 02	1 55	1 13	39
10	0 58 00	14 00 40	2 21	1 57	1 13	39
11	0 57 59	14 07 30	3 29	1 59	1 13	39
12	0 57 57	14 13 12	4 24	2 01	1 13	39
13	0 57 55	14 16 53	5 01	2 02	1 13	39
14	0 57 53	14 17 27	5 20	2 04	1 13	39
15	0 57 51	14 13 49	5 20	2 06	1 13	39
16	0 57 49	14 05 24	5 03	2 07	1 13	39
17	0 57 48	13 52 14	4 28	2 08	1 13	39
18	0 57 46	13 35 08	3 38	2 09	1 13	39
19	0 57 45	13 15 28	2 37	2 10	1 13	39
20	0 57 44	12 54 57	1 29	2 11	1 13	39
21	0 57 43	12 35 20	0 19	2 11	1 13	39
22	0 57 41	12 18 06	0 47	2 12	1 13	39
23	0 57 40	12 04 28	1 46	2 12	1 13	39
24	0 57 39	11 55 15	2 37	2 11	1 13	39
25	0 57 38	11 50 58	3 18	2 11	1 13	39
26	0 57 37	11 51 46	3 51	2 10	1 13	39
27	0 57 36	11 57 33	4 15	2 09	1 13	39
28	0 57 35	12 07 53	4 32	2 07	1 13	39
29	0 57 34	12 22 05	4 40	2 06	1 13	39
30	0 57 34	12 39 09	4 38	2 04	1 13	39
31	0 57 33	12 57 48	4 23	2 02	1 13	39

JUNE

D	☉ ° ′ ″	☽ ° ′ ″	☽Dec. ° ′	☿ ° ′	♀ ° ′	♂ ′
1	0 57 32	13 16 40	3 54	2 00	1 13	39
2	0 57 31	13 34 18	3 08	1 57	1 13	39
3	0 57 30	13 49 30	2 04	1 55	1 13	38
4	0 57 29	14 01 26	0 46	1 53	1 13	38
5	0 57 28	14 09 45	0 40	1 50	1 13	38
6	0 57 27	14 14 30	2 03	1 48	1 13	38
7	0 57 26	14 16 05	3 17	1 45	1 13	38
8	0 57 24	14 15 00	4 14	1 42	1 13	38
9	0 57 23	14 11 38	4 53	1 40	1 13	38
10	0 57 22	14 06 16	5 14	1 37	1 13	38
11	0 57 21	13 58 59	5 17	1 34	1 13	38
12	0 57 20	13 49 46	5 04	1 32	1 13	38
13	0 57 19	13 38 35	4 35	1 29	1 13	38
14	0 57 18	13 25 36	3 53	1 26	1 13	38
15	0 57 17	13 11 09	2 57	1 23	1 13	38
16	0 57 17	12 55 47	1 53	1 20	1 13	38
17	0 57 16	12 40 18	0 44	1 17	1 13	38
18	0 57 16	12 25 33	0 24	1 15	1 13	38
19	0 57 15	12 12 28	1 27	1 12	1 13	38
20	0 57 15	12 01 54	2 21	1 09	1 13	38
21	0 57 14	11 54 37	3 06	1 05	1 13	38
22	0 57 14	11 51 14	3 41	1 02	1 13	38
23	0 57 14	11 52 13	4 07	0 59	1 13	38
24	0 57 14	11 57 50	4 25	0 56	1 13	38
25	0 57 14	12 08 05	4 35	0 52	1 13	38
26	0 57 14	12 22 44	4 37	0 49	1 13	38
27	0 57 14	12 41 12	4 28	0 45	1 13	38
28	0 57 14	13 02 30	4 06	0 41	1 13	38
29	0 57 14	13 25 17	3 28	0 37	1 13	38
30	0 57 14	13 47 50	2 33	0 33	1 13	38

JULY

D	☉ ° ′ ″	☽ ° ′ ″	☽Dec. ° ′	☿ ° ′	♀ ° ′	♂ ′
1	0 57 14	14 08 15	1 19	0 29	1 13	38
2	0 57 14	14 24 42	0 07	0 25	1 13	38
3	0 57 14	14 35 43	1 37	0 21	1 13	38
4	0 57 13	14 40 31	3 00	0 16	1 13	38
5	0 57 13	14 39 03	4 06	0 12	1 13	38
6	0 57 13	14 32 01	4 51	0 07	1 13	38
7	0 57 13	14 20 38	5 15	0 02	1 14	38
8	0 57 12	14 06 19	5 20	0 03	1 14	38
9	0 57 12	13 50 26	5 08	0 07	1 14	38
10	0 57 12	13 34 04	4 41	0 12	1 14	38
11	0 57 12	13 18 00	4 01	0 16	1 14	38
12	0 57 12	13 02 43	3 10	0 21	1 14	38
13	0 57 12	12 48 28	2 10	0 25	1 14	38
14	0 57 12	12 35 22	1 04	0 29	1 14	38
15	0 57 12	12 23 30	0 03	0 32	1 14	38
16	0 57 13	12 13 01	1 08	0 35	1 14	38
17	0 57 13	12 04 09	2 05	0 37	1 14	38
18	0 57 14	11 57 11	2 53	0 39	1 14	38
19	0 57 14	11 52 33	3 32	0 41	1 14	38
20	0 57 15	11 50 43	4 00	0 41	1 14	38
21	0 57 15	11 52 10	4 20	0 41	1 14	38
22	0 57 16	11 57 24	4 31	0 40	1 14	38
23	0 57 17	12 06 44	4 34	0 38	1 14	38
24	0 57 18	12 20 25	4 27	0 36	1 14	38
25	0 57 19	12 38 21	4 10	0 33	1 14	38
26	0 57 19	13 00 08	3 40	0 29	1 14	38
27	0 57 20	13 24 48	2 54	0 25	1 14	38
28	0 57 21	13 50 53	1 50	0 21	1 14	38
29	0 57 22	14 16 15	0 30	0 15	1 14	38
30	0 57 23	14 38 24	1 01	0 10	1 14	38
31	0 57 24	14 54 42	2 31	0 04	1 14	38

AUGUST

D	☉ ° ′ ″	☽ ° ′ ″	☽Dec. ° ′	☿ ° ′	♀ ° ′	♂ ′
1	0 57 25	15 03 03	3 49	0 02	1 14	38
2	0 57 26	15 02 22	4 46	0 08	1 14	38
3	0 57 26	14 52 58	5 20	0 15	1 14	38
4	0 57 27	14 36 25	5 31	0 21	1 14	38
5	0 57 28	14 15 08	5 21	0 28	1 14	38
6	0 57 28	13 51 42	4 54	0 34	1 14	38
7	0 57 29	13 28 22	4 14	0 41	1 14	38
8	0 57 30	13 06 45	3 23	0 47	1 14	38
9	0 57 31	12 47 50	2 23	0 53	1 14	38
10	0 57 32	12 32 00	1 19	1 00	1 14	38
11	0 57 33	12 19 14	0 12	1 06	1 14	38
12	0 57 34	12 09 17	0 52	1 12	1 14	38
13	0 57 35	12 01 46	1 51	1 17	1 14	38
14	0 57 36	11 56 23	2 42	1 23	1 14	38
15	0 57 37	11 52 51	3 23	1 28	1 14	38
16	0 57 38	11 51 09	3 54	1 32	1 14	38
17	0 57 39	11 51 22	4 16	1 37	1 14	38
18	0 57 41	11 53 47	4 29	1 41	1 14	38
19	0 57 42	11 58 50	4 33	1 44	1 14	38
20	0 57 44	12 07 02	4 28	1 48	1 14	38
21	0 57 45	12 18 51	4 13	1 50	1 14	38
22	0 57 47	12 34 39	3 46	1 53	1 14	38
23	0 57 49	12 54 32	3 07	1 55	1 14	38
24	0 57 51	13 18 12	2 12	1 56	1 14	38
25	0 57 52	13 44 40	1 01	1 58	1 14	38
26	0 57 54	14 12 15	0 23	1 58	1 14	38
27	0 57 56	14 38 22	1 53	1 59	1 14	38
28	0 57 58	14 59 51	3 18	1 59	1 14	38
29	0 57 59	15 13 29	4 29	1 59	1 14	38
30	0 58 01	15 16 56	5 17	1 59	1 14	38
31	0 58 02	15 09 23	5 40	1 58	1 14	38

SEPTEMBER

D	☉	☽	☽Dec.	☿	♀	♂
	° ′ ″	° ′ ″	° ′	° ′	° ′	′
1	0 58 04	14 52 04	5 39	1 58	1 14	38
2	0 58 05	14 27 40	5 16	1 57	1 14	38
3	0 58 07	13 59 38	4 36	1 56	1 14	38
4	0 58 08	13 31 10	3 43	1 55	1 14	38
5	0 58 10	13 04 48	2 42	1 54	1 14	38
6	0 58 11	12 42 05	1 35	1 53	1 14	38
7	0 58 13	12 23 46	0 27	1 52	1 14	38
8	0 58 14	12 09 59	0 39	1 51	1 14	38
9	0 58 16	12 00 23	1 39	1 50	1 14	38
10	0 58 17	11 54 27	2 32	1 48	1 14	38
11	0 58 19	11 51 30	3 15	1 47	1 14	38
12	0 58 21	11 50 54	3 49	1 46	1 14	38
13	0 58 22	11 52 09	4 14	1 45	1 14	38
14	0 58 24	11 54 53	4 29	1 44	1 14	38
15	0 58 26	11 59 01	4 35	1 43	1 15	38
16	0 58 28	12 04 42	4 32	1 42	1 15	38
17	0 58 30	12 12 18	4 18	1 41	1 15	38
18	0 58 32	12 22 19	3 53	1 40	1 15	38
19	0 58 34	12 35 21	3 16	1 39	1 15	38
20	0 58 37	12 51 50	2 26	1 38	1 15	38
21	0 58 39	13 11 57	1 22	1 37	1 15	38
22	0 58 41	13 35 21	0 06	1 36	1 15	38
23	0 58 43	14 00 58	1 18	1 35	1 15	38
24	0 58 46	14 26 49	2 42	1 34	1 15	38
25	0 58 48	14 50 02	3 59	1 33	1 15	38
26	0 58 50	15 07 14	4 59	1 32	1 15	39
27	0 58 52	15 15 18	5 37	1 31	1 15	39
28	0 58 54	15 12 22	5 50	1 30	1 15	39
29	0 58 56	14 58 32	5 39	1 29	1 15	39
30	0 58 58	14 35 53	5 05	1 28	1 15	39

OCTOBER

D	☉	☽	☽Dec.	☿	♀	♂
	° ′ ″	° ′ ″	° ′	° ′	° ′	′
1	0 59 00	14 07 46	4 14	1 27	1 15	39
2	0 59 02	13 37 46	3 11	1 26	1 15	39
3	0 59 04	13 09 00	2 00	1 25	1 15	39
4	0 59 05	12 43 40	0 47	1 24	1 15	39
5	0 59 07	12 23 02	0 22	1 23	1 15	39
6	0 59 09	12 07 36	1 26	1 22	1 15	39
7	0 59 11	11 57 17	2 21	1 21	1 15	39
8	0 59 12	11 51 39	3 07	1 20	1 15	39
9	0 59 14	11 50 02	3 44	1 19	1 15	39
10	0 59 16	11 51 37	4 11	1 17	1 15	39
11	0 59 18	11 55 37	4 29	1 16	1 15	39
12	0 59 20	12 01 18	4 39	1 15	1 15	39
13	0 59 22	12 08 08	4 38	1 13	1 15	39
14	0 59 24	12 15 47	4 27	1 12	1 15	39
15	0 59 26	12 24 14	4 04	1 10	1 15	39
16	0 59 28	12 33 45	3 29	1 08	1 15	39
17	0 59 31	12 44 45	2 40	1 06	1 15	39
18	0 59 33	12 57 47	1 39	1 04	1 15	39
19	0 59 35	13 13 14	0 26	1 01	1 15	39
20	0 59 37	13 31 12	0 53	0 58	1 15	39
21	0 59 40	13 51 13	2 14	0 55	1 15	39
22	0 59 42	14 12 04	3 29	0 52	1 15	39
23	0 59 44	14 31 47	4 32	0 48	1 15	39
24	0 59 46	14 47 41	5 18	0 44	1 15	39
25	0 59 49	14 57 04	5 44	0 40	1 15	39
26	0 59 51	14 57 44	5 47	0 35	1 15	39
27	0 59 53	14 48 56	5 27	0 29	1 15	39
28	0 59 55	14 31 31	4 45	0 23	1 15	39
29	0 59 57	14 07 46	3 46	0 16	1 15	39
30	0 59 59	13 40 42	2 35	0 09	1 15	39
31	1 00 00	13 13 17	1 18	0 01	1 15	39

NOVEMBER

D	☉	☽	☽Dec.	☿	♀	♂
	° ′ ″	° ′ ″	° ′	° ′	° ′	′
1	1 00 02	12 47 59	0 02	0 07	1 15	39
2	1 00 04	12 26 30	1 07	0 16	1 15	39
3	1 00 05	12 09 52	2 07	0 26	1 15	39
4	1 00 07	11 58 27	2 57	0 35	1 15	39
5	1 00 08	11 52 13	3 36	0 45	1 15	39
6	1 00 10	11 50 47	4 06	0 54	1 15	39
7	1 00 11	11 53 32	4 27	1 03	1 15	39
8	1 00 13	11 59 40	4 39	1 10	1 15	39
9	1 00 14	12 08 20	4 43	1 15	1 15	39
10	1 00 16	12 18 39	4 36	1 19	1 14	39
11	1 00 18	12 29 50	4 17	1 20	1 14	39
12	1 00 20	12 41 17	3 45	1 18	1 14	39
13	1 00 21	12 52 40	2 59	1 14	1 14	39
14	1 00 23	13 03 55	1 58	1 08	1 14	39
15	1 00 25	13 15 12	0 45	0 59	1 14	39
16	1 00 27	13 26 48	0 34	0 49	1 14	39
17	1 00 29	13 38 55	1 54	0 38	1 14	39
18	1 00 30	13 51 31	3 08	0 27	1 14	39
19	1 00 32	14 04 07	4 11	0 15	1 14	39
20	1 00 34	14 15 47	4 59	0 03	1 14	39
21	1 00 36	14 25 06	5 29	0 08	1 14	40
22	1 00 37	14 30 29	5 40	0 18	1 14	40
23	1 00 39	14 30 28	5 32	0 27	1 14	40
24	1 00 41	14 24 14	5 02	0 35	1 14	40
25	1 00 42	14 11 50	4 14	0 43	1 14	40
26	1 00 44	13 54 15	3 09	0 50	1 14	40
27	1 00 45	13 33 12	1 54	0 56	1 14	40
28	1 00 46	13 10 43	0 34	1 01	1 14	40
29	1 00 48	12 48 45	0 41	1 05	1 14	40
30	1 00 49	12 29 02	1 48	1 09	1 14	40

DECEMBER

D	☉	☽	☽Dec.	☿	♀	♂
	° ′ ″	° ′ ″	° ′	° ′	° ′	′
1	1 00 49	12 12 50	2 43	1 12	1 14	40
2	1 00 50	12 00 59	3 26	1 15	1 14	40
3	1 00 51	11 53 58	3 59	1 18	1 14	40
4	1 00 52	11 51 53	4 22	1 20	1 14	40
5	1 00 53	11 54 35	4 36	1 22	1 14	40
6	1 00 54	12 01 38	4 43	1 23	1 14	40
7	1 00 55	12 12 25	4 40	1 24	1 14	40
8	1 00 55	12 26 04	4 27	1 26	1 14	40
9	1 00 56	12 41 35	4 01	1 26	1 14	40
10	1 00 57	12 57 53	3 20	1 27	1 14	40
11	1 00 58	13 13 55	2 23	1 28	1 14	40
12	1 00 59	13 28 43	1 11	1 29	1 14	40
13	1 01 00	13 41 38	0 11	1 29	1 14	40
14	1 01 01	13 52 14	1 35	1 30	1 14	40
15	1 01 01	14 00 24	2 54	1 30	1 14	40
16	1 01 02	14 06 12	3 59	1 30	1 14	40
17	1 01 03	14 09 47	4 48	1 31	1 14	40
18	1 01 04	14 11 14	5 19	1 31	1 14	40
19	1 01 05	14 10 32	5 33	1 31	1 14	40
20	1 01 06	14 07 33	5 28	1 32	1 14	40
21	1 01 07	14 02 04	5 06	1 32	1 14	40
22	1 01 08	13 53 54	4 26	1 32	1 14	40
23	1 01 08	13 43 04	3 31	1 32	1 14	40
24	1 01 09	13 29 46	2 22	1 33	1 14	40
25	1 01 09	13 14 33	1 05	1 33	1 14	40
26	1 01 10	12 58 13	0 12	1 33	1 14	40
27	1 01 10	12 41 44	1 24	1 33	1 14	40
28	1 01 10	12 26 10	2 25	1 34	1 14	40
29	1 01 10	12 12 34	3 14	1 34	1 14	40
30	1 01 10	12 01 52	3 50	1 34	1 14	40
31	1 01 10	11 54 49	4 16	1 34	1 14	40

JANUARY			
1 Tu	02 20	♂♈	
	03 10	☽△♆	G
	05 00	☽⚼♂	b
	15 19	☽⚹♇	G
	22 26	☽☌♀	G
2 We	00 09	☽⊻☿	g
	02 06	☽∠☉	b
	02 22	☽∠♄	b
	05 49	☉☌♄	
	07 24	☽∥♀	G
	08 58	☽♐	
	10 41	☽△♂	G
	19 43	☽∠♇	b
	20 49	☉⊻♃	
3 Th	07 13	☽⊻♄	g
	08 23	☽☌♃	G
	09 13	☽⊻☉	g
	10 59	☽⚼♅	b
	12 00	☽□♆	B
4 Fr	00 43	☽⊻♇	g
	05 13	☿△♅	
	06 59	♀∠♄	
	13 04	☽⊻♀	g
	16 10	☽△♅	G
	17 41	☽☌☿	G
	18 55	☽♑	
	19 57	☉⚹♆	
5 Sa	00 05	☽□♂	B
	03 40	☿♑	
	03 49	♂Q♇	
	18 32	☽☌♄	B
	20 12	☽⊻♃	g
	21 25	☽∠♀	b
	23 01	☽⚹♆	G
6 Su	01 28	☽ • ●	D
	02 28	♀⊽♅	
	12 12	☽☌♇	D
	14 51	☿Q♆	
	20 26	♅Stat	
7 Mo	02 48	☽∠♃	b
	03 56	☽□♅	B
	04 10	☉∥♄	
	05 11	☽∠♆	b
	06 20	☽⚹♀	G
	06 46	☽♒	
	11 18	♀♐	
	14 12	☽⊻☿	g
	15 42	☽⚹♂	G
8 Tu	07 34	☽⊻♄	g
	09 44	☽⚹♃	G
	10 05	☿□♂	
	11 39	☽⊻♆	g
	19 46	☽⊻☉	g
	20 45	☽∥♀	G
9 We	00 01	☽∠♂	b
	01 07	☽⊻♇	g
	01 10	☽∠☿	b
	14 25	☽∠♄	b
	16 53	☽⚹♅	G
	19 44	☽♓	
	21 33	♃⚼♅	
10 Th	01 09	☽□♀	B
	05 12	☽∠☉	b
	05 37	☉⊥♃	
	07 45	☽∠♇	b
	08 25	☽⊻♂	g
	12 16	☽⚹☿	G
	16 39	☉∥♇	
	20 28	☽#♅	B
	21 13	☽⚹♄	G
	23 22	☽∠♅	b
	23 48	☽□♃	B
11 Fr	00 47	☽☌♆	D
	05 43	☉∥♃	
	11 38	☉☌♇	
	14 11	☽⚹♇	G
	14 25	☽⚹☉	G
	16 58	☽∥♆	D
	21 39	♀±♅	
12 Sa	05 32	☽⊻♅	g
	08 18	☽♈	
	13 53	☿⊥♀	
	15 27	☽#♂	B
	19 20	☽△♀	G
13 Su	00 12	☽☌♂	B
	05 19	♀∠♇	
	09 05	☽□☿	B
	09 36	☽□♄	B
	12 31	☽△♃	G
	12 36	☽⊻♆	g
	13 31	☿☌♄	
	18 58	♃□♆	
14 Mo	01 28	☽□♇	B
	01 56	♀⊥♄	
	02 14	☽∥♂	B
	03 17	☽⚼♀	b
	05 06	♃∥♇	
	06 46	☽□☉	B
	13 13	☿⚹♆	
	15 30	☿⊻♃	
	15 56	☽☌♅	B
	17 24	☽∠♆	b
	17 42	☽⚼♃	b
	18 31	☽♉	
	21 19	☽#♆	D
15 Tu	12 39	☽⊻♂	g
	16 27	☽∥♅	B
	18 50	☽△♄	G
	21 15	☽⚹♆	G
16 We	01 30	☽△☿	G
	09 17	☽△♇	G
	17 10	☽∠♂	b
	18 34	☽△☉	G
	21 56	☽⚼♄	b
	22 38	☽⊻♅	g
17 Th	01 00	☽♊	
	07 34	☽⚼☿	b
	11 41	☽⚼♇	b
	18 24	♃⊥♇	
	19 54	☽☍♀	B
	20 32	☽⚹♂	G
	22 35	☽⚼☉	b
18 Fr	00 30	☽∠♅	b
	01 37	☽#♀	G
	01 56	☽□♆	B
	03 10	☽☍♃	B
	16 49	♀△♂	
	18 38	☽#☉	G
	20 03	☿☌♇	
	22 56	☿⊥♃	
19 Sa	01 31	☉□♅	
	01 32	☽⚹♅	G
	03 44	☽♋	
	22 26	☉∠♆	
20 Su	00 28	☽□♂	B
	01 48	☽☍♄	B
	03 19	☽△♆	G
	07 29	♀⊻♄	
	08 19	♀⚼♅	
	09 00	☉♒	
	14 01	☽☍♇	B
	18 56	☽☍☿	B
21 Mo	01 50	☽□♅	B
	03 11	☽⚼♀	b
	03 15	☽⚼♆	b
	03 54	☽♌	
	04 03	☉∠♃	
	04 15	♀□♆	
	05 12	☽⚼♃	b
	05 16	☽☍☉	B
	10 03	☽#☉	G
	11 48	♂□♄	
	13 52	☽#♀	G
	19 42	♀⊥♇	
22 Tu	02 19	☽△♂	G
	04 43	☽△♀	G
	05 11	☽△♃	G
	11 05	☉∥♀	
	12 26	♀☌♃	
	18 13	♂⊻♆	
23 We	01 19	☽△♅	G
	01 42	☽⚼♄	b
	03 11	☽⚼♂	b
	03 22	☽♍	
	09 00	☉Q♂	
	11 13	☿□♅	
	13 31	☽⚼♇	b
	15 40	☿∥♄	
	22 37	☽∥♅	B
24 Th	01 05	☿∠♆	
	01 18	☿∥♃	
	01 23	☽⚼♅	b
	01 56	☽△♄	G
	02 55	☽☍♆	B
	03 08	☽⚼☿	b
	05 41	☽□♃	B
	05 49	☿♒	
	08 27	☽□♀	B
	10 08	☽⚼☉	b
	13 50	☽△♇	G
	16 03	☽#♆	D
	18 14	☽∥♂	B
	19 35	☿∥♇	
25 Fr	04 02	☽♎	
	04 18	☿∠♃	
	06 56	☽△☿	G
	12 48	☽△☉	G
	17 53	♂△♃	
26 Sa	04 10	☽□♄	B
	08 23	☽⚹♃	G
	08 56	☽☍♂	B
	08 59	♂#♆	
	15 03	☽⚹♀	G
	16 30	☽□♇	B
27 Su	05 21	☽☍♅	B
	07 07	☽⚼♆	b
	07 31	☽♏	
	09 22	☽∥♆	D
	09 32	♀⊻♇	
	10 57	☽#♂	B
	11 01	☽∠♃	b
	17 59	☽□☿	B
	19 58	☽∠♀	b
	21 10	☽□☉	B
	21 29	☿Q♂	
28 Mo	03 06	♃∥♄	
	05 04	☽#♅	B
	09 46	☽⚹♄	G
	10 14	☽△♆	G
	12 17	☿∥♀	
	14 35	☽⊻♃	g
	22 39	☽⚹♇	G
29 Tu	01 25	☉⊥♆	
	02 05	☽⊻♀	g
	11 44	☿∠♀	
	11 59	☿⊥♆	
	13 58	☽∠♄	b
	14 33	☽♐	
	23 08	☽⚼♂	b
30 We	02 52	☉☌☿	
	03 03	☽∠♇	b
	06 00	☽∥☉	G
	10 04	☽⚹☉	G
	10 32	☽⚹☿	G
	17 05	☽⚼♅	b
	18 59	☽⊻♄	g
	19 06	☽□♆	B
	22 39	☽∥☿	G
31 Th	00 23	☽☌♃	G
	05 50	☽△♂	G
	08 14	☽⊻♇	g
	14 15	♄⚹♆	
	17 35	☽ • ♀	G
	17 59	☽∠☉	b
	19 25	☽∥♀	G
	20 39	☽∠☿	b
	22 33	☽△♅	G
FEBRUARY			
1 Fr	00 47	☽♑	
	01 11	♂⊥♆	
2 Sa	00 49	☿⊻♆	
	02 25	☿⊻♄	
	02 37	☽⊻☉	g
	03 20	♂□♇	
	06 41	☽⚹♆	G
	06 57	☽ • ♄	B
	07 22	☉∠♀	
	07 41	☽⊻☿	g
	12 51	☽⊻♃	g
	20 14	☽☌♇	D
	21 12	☽□♂	B
	23 41	♀△♅	
3 Su	02 48	☽∥♀	G
	03 38	☿Q♅	
	10 53	☽□♅	B
	12 03	☽⊻♀	g
	13 03	☽♒	
	13 04	☽∠♆	b
	19 39	☽∠♃	b
	21 54	☿⚹♃	
	22 29	♀♑	
4 Mo	04 00	☉⊻♆	
	11 09	☉⊻♄	
	19 38	☽⊻♆	g
	20 17	☽⊻♄	g
	21 04	☽☌☉	D
	21 47	☽∠♀	b
5 Tu	02 35	☽⚹♃	G
	07 11	☽☌☿	G
	09 05	☽∥☿	G
	09 18	☽⊻♇	g
	12 54	☽∥☉	G
	13 49	☽⚹♂	G
	17 09	☿⊥♄	
	21 24	☿⊻♇	
	23 59	☽⚹♅	G
6 We	02 02	☽♓	
	02 25	☉Q♅	
	03 04	☽∠♄	b
	07 33	☽⚹♀	G
	15 51	☽∠♇	b
	15 55	♀Q♆	
	16 02	☉∥☿	
	22 07	☽∠♂	b
7 Th	01 32	☽#♅	B
	05 06	☽#♂	B
	06 27	☽∠♅	b
	08 43	☽☌♆	D
	09 44	☽⚹♄	G
	15 37	☽⊻☉	g
	16 16	☽□♃	B
	22 14	☽⚹♇	G
8 Fr	00 32	☉⚹♃	
	00 53	☽∥♆	D
	01 24	☿⚹♂	
	06 11	☽⊻♂	g
	06 43	☽⊻☿	g
	12 41	☽⊻♅	g
	14 34	☽♈	
9 Sa	00 26	☽∠☉	b
	02 21	☽□♀	B
	06 51	☿⊥♇	
	12 28	♂∥♅	
	17 46	☽∠☿	b
	20 45	☽⊻♆	g
	22 06	☽□♄	B
	22 53	☿⚹♅	
10 Su	04 42	☽△♃	G
	08 39	☽⚹☉	G
	09 51	☽□♇	B
	10 51	☿♓	
	20 48	☽☌♂	B
	23 36	☉⊻♇	
	23 48	☽☌♅	B
11 Mo	00 26	☿∠♄	
	01 28	☽♉	
	01 45	☉⊥♄	
	02 00	☽∠♆	b
	02 08	☽#♆	D
	03 57	☽⚹☿	G
	06 05	☿Q♃	
	10 03	☽⚼♃	b
	18 39	☽△♀	G
12 Tu	00 43	☽∥♅	B
	04 35	☽∥♂	B
	06 05	☽#☿	G
	06 31	☽⚹♆	G
	08 05	☽△♄	G
	11 38	☿#♂	
	18 22	☽#☉	G
	18 54	☽△♇	G
	22 26	☽□☉	B
13 We	01 19	☽⚼♀	b
	06 21	♂☌♅	
	08 05	☽⊻♅	g
	08 10	☽⊻♂	g
	09 32	☽♊	
	09 45	☿#♅	
	11 51	☽⚼♄	b
	20 36	☽□☿	B
	22 09	☽⚼♇	b
14	08 30	☿∠♇	

Th	10 51	♂♉	
	10 54	☽∠♅	b
	12 19	☽∠♂	b
	12 56	☽□♆	B
	20 56	☽☍♃	B
15	01 35	♂∠♆	
Fr	07 49	☽△☉	G
	12 48	☽✱♅	G
	13 16	☽⋕♀	G
	14 03	☽♋	
	15 24	☽✱♂	G
16	07 39	☽△☿	G
Sa	08 02	☉⋕♂	
	10 52	☽⚼☉	b
	14 23	☽☍♀	B
	15 49	☽△♆	G
	17 40	☽☍♄	B
17	02 21	☉⊥♇	
Su	02 39	☽☍♇	B
	08 02	☽⋕♀	G
	08 44	♀✱♆	
	11 23	☽⚼☿	b
	14 17	☽□♅	B
	15 21	☽♌	
	16 10	☽⚼♆	b
	18 57	☽□♂	B
18	00 03	☽⚼♃	b
Mo	07 55	☉✱♅	
	10 52	♀☌♄	
	12 05	☿∥♆	
	13 21	☿∠♅	
	23 04	☉♓	
19	00 00	☽△♃	G
Tu	06 37	☿☌♆	
	13 51	☽△♅	G
	14 47	☽♍	
	15 54	☽☍☉	B
	17 45	☽⚼♄	b
	19 47	☽∥♂	B
	20 06	☽⚼♀	b
	20 31	☽△♂	G
20	02 06	☽⚼♇	b
We	02 39	☿✱♄	
	07 14	☽⋕☉	G
	08 12	☽∥♅	B
	13 31	☽⚼♅	b
	15 22	☽☍♆	B
	17 32	☽△♄	G
	19 11	☽☍☿	B
	19 50	☉⋕♅	
	21 16	☽⚼♂	b
	21 45	☽△♀	G
	22 55	☉∠♄	
	23 41	☽□♃	B
21	01 52	☽△♇	G
Th	04 05	☽⋕♆	D
	14 17	☽♎	
	15 20	☽⋕☿	G
	22 15	☉Q♃	
22	01 44	♀⊻♃	
Fr	07 02	☿∠♂	
	18 20	☽□♄	B
	20 40	☿□♃	
	21 17	☽⚼☉	b
	22 53	☽∥☿	G
23	00 56	☽✱♃	G
Sa	02 46	☽□♀	B
	02 52	☽□♇	B
	03 53	♀☌♇	

	15 11	☽☍♅	B
	15 24	☽∥♆	D
	15 56	☽♏	
	15 59	♂⚼♃	
	17 11	☽⚼♆	b
	17 18	☿✱♇	
24	00 44	☽△☉	G
Su	02 45	☽∠♃	b
	03 12	☽☍♂	B
	05 45	☽⚼☿	b
	06 42	☽∥☉	G
	13 44	☽⋕♅	B
	17 11	☿⊥♅	
	19 29	☽△♆	G
	22 21	☽✱♄	G
25	05 37	☽⊻♃	g
Mo	07 18	☽✱♇	G
	11 14	☽△☿	G
	11 58	☽⋕♂	B
	12 14	☽✱♀	G
	21 19	☽♐	
26	01 56	☽∠♄	b
Tu	06 45	☉∠♇	
	11 06	☽∠♇	b
	11 28	☽□☉	B
	19 02	☽∠♀	b
27	01 00	☽⚼♅	b
We	03 15	☽□♆	B
	06 35	☽⊻♄	g
	08 20	☽∥♀	G
	14 33	☽☌♃	G
	15 55	☽⊻♇	g
	18 39	♀⊥♃	
	19 00	☽⚼♂	b
28	01 11	☽□☿	B
Th	02 33	☉✱♂	
	03 09	☽⊻♀	g
	06 17	☽△♅	G
	06 48	☽♑	
MARCH			
1	02 26	☽△♂	G
Fr	03 09	☽✱☉	G
	12 32	♀□♅	
	14 39	☽✱♆	G
	16 45	♀♒	
	18 23	☽●♄	B
2	02 52	☽⊻♃	g
Sa	03 49	☽☌♇	D
	12 14	☽∠☉	b
	12 50	♀∠♆	
	16 55	☽✱☿	G
	18 47	☽□♅	B
	19 06	☽♒	
	21 09	☽∠♆	b
	22 03	☽☌♀	G
3	09 39	☽∠♃	b
Su	14 49	☽∥♀	G
	18 54	☽□♂	B
	21 37	☽⊻☉	g
4	00 28	☽∠☿	b
Mo	03 49	☽⊻♆	g
	07 49	☽⊻♄	g
	15 51	☉∥♆	
	16 30	☽✱♃	G
	16 58	☽⋕♂	B
	17 00	☽⊻♇	g
5	07 26	☽⊻☿	g
Tu	08 05	☽✱♅	G

	08 11	☽♓	
	14 31	☽∠♄	b
	17 54	☽⊻♀	g
	18 19	☿ Stat	
	20 38	☉∠♅	
	23 29	☽∠♇	b
6	05 12	☽⋕♅	B
We	08 26	♅♉	
	11 26	☽✱♂	G
	14 30	☽∠♅	b
	16 04	☽☌☉	D
	16 47	☽☌♆	D
	20 58	☽✱♄	G
7	01 00	☉☌♆	
Th	03 26	☽∠♀	b
	05 37	☽□♃	B
	05 41	☽✱♇	G
	08 43	☽∥♆	D
	14 54	☽∥☉	G
	16 33	♃⊻♇	
	18 18	☿∠♂	
	19 08	☽☌☿	G
	19 12	☽∠♂	b
	20 27	☽♈	
	20 35	☽⊻♅	g
8	03 15	♀∠♃	
Fr	04 19	☽⋕☿	G
	12 29	☽✱♀	G
9	02 31	☽⊻♂	g
Sa	04 28	☽⊻♆	g
	07 10	☉✱♄	
	08 44	☽□♄	B
	08 52	☽⊻☉	g
	09 31	☽∥☿	G
	16 56	☽□♇	B
	17 14	☽△♃	G
	18 37	☽⋕☉	G
10	02 59	♄∥♇	
Su	03 46	☽⊻☿	g
	04 54	☽⋕♆	D
	07 10	☽♉	
	07 31	☽☌♅	B
	08 36	♀⊥♆	
	09 39	☽∠♆	b
	11 49	♀⋕♂	
	16 20	♂✱♆	
	16 23	☽∠☉	b
	22 19	☽⚼♃	b
11	04 45	☽□♀	B
Mo	06 59	☽∠☿	b
	07 50	☽∥♅	B
	14 18	☽✱♆	G
	15 26	☽☌♂	B
	16 31	♂±♃	
	18 34	☽△♄	G
	20 10	☿∠♀	
	23 13	☽✱☉	G
12	02 13	☽△♇	G
Tu	09 31	☽✱☿	G
	15 48	☽♊	
	16 20	☽⊻♅	g
	20 49	☽⋕♀	G
	22 36	☽⚼♄	b
13	05 58	☽⚼♇	b
We	06 21	☽∥♂	B
	14 29	☉✱♇	
	17 58	☽△♀	G
	19 47	☽∠♅	b
	21 44	☽□♆	B

14	01 29	☉□♃	
Th	01 34	☽⊻♂	g
	09 50	☽☍♃	B
	10 02	♂△♄	
	10 27	☽□☉	B
	12 30	☽□☿	B
	20 32	☿⊥♅	
	21 49	☽♋	
	22 31	☽✱♅	G
	23 12	☽⚼♀	b
15	01 48	☉☌☿	
Fr	05 23	☽∠♂	b
	07 20	☉⊥♅	
	10 18	☽⋕♄	B
	12 58	☽⋕♇	D
	13 11	♀⊻♆	
	23 08	☽⋕♇	D
	23 16	☿□♃	
16	02 01	☽⋕♄	B
Sa	02 18	☽△♆	G
	03 07	☿⊥♀	
	06 24	☽☍♄	B
	08 22	☽✱♂	G
	12 53	☽☍♇	B
	12 54	☽△☿	G
	13 08	☿✱♇	
	18 03	☽△☉	G
17	00 57	☽♌	
Su	01 47	☽□♅	B
	03 30	☽⚼♆	b
	05 55	♀Q♅	
	12 16	☽⚼☿	b
	14 53	☽⚼♃	b
	16 09	♀⊻♄	
	19 16	☽∥♂	B
	20 36	☽⚼☉	b
18	03 23	☿✱♂	
Mo	09 27	☽☍♀	B
	12 06	☽□♂	B
	15 19	☽△♃	G
	15 24	☉∥☿	
	21 49	☽⋕♀	G
	22 56	☿⊻♀	
19	01 41	☽♍	
Tu	02 40	☽△♅	G
	08 17	☽⚼♄	b
	14 11	☽⚼♇	b
	17 16	☽∥♅	B
20	02 38	☽⚼♅	b
We	04 13	☽☍♆	B
	08 15	☽△♄	G
	08 35	☽☍☿	B
	11 41	♂△♇	
	14 04	☽△♇	G
	14 10	☽△♂	G
	14 27	☿✱♄	
	15 22	☽□♃	B
	16 57	☽⋕♆	D
	20 54	♀⊻♇	
	21 58	☉♈	
21	01 28	☽♎	
Th	01 43	☽☍☉	B
	08 07	♀□♂	
	09 48	☽⋕☿	G
	14 16	♀✱♃	
	15 17	☽⚼♂	b
	15 34	☽⚼♀	b
	15 48	☉⊻♅	
	18 25	☽∥☉	G

	19 43	♂▽♃	
	21 34	☽⋕☉	G
22	05 44	☉Q♄	
Fr	08 00	☽∥☿	G
	08 39	☽□♄	B
	14 29	☽□♇	B
	15 59	☽✱♃	G
	18 10	☽△♀	G
	22 58	♀⊥♄	
	23 14	☽∥♆	D
23	02 16	☽♏	
Sa	03 38	☽☍♅	B
	05 14	☽⚼♆	b
	06 26	☽⚼☿	b
	17 10	☽∠♃	b
24	00 57	☽⋕♅	B
Su	06 50	☽△♆	G
	07 10	☽△☿	G
	09 42	☽⚼☉	b
	10 14	☽∥♀	G
	11 25	☽✱♄	G
	17 28	☿☌♆	
	17 30	☽✱♇	G
	19 15	☽⊻♃	g
	22 38	☽☍♂	B
25	02 24	☽□♀	B
Mo	06 06	☽♐	
	14 15	☽∠♄	b
	14 30	☽△☉	G
	20 30	☽∠♇	b
	21 21	☉Q♇	
	22 27	♀⊥♇	
26	03 30	☉⊥♀	
Tu	11 26	☽⚼♅	b
	12 01	☽□☿	B
	13 07	☽□♆	B
	18 10	☽⊻♄	g
	19 43	♀♓	
	20 32	☽⋕♂	B
27	00 35	☽⊻♇	g
We	02 37	☽☌♃	G
	14 07	☽♑	
	16 06	☽✱♀	G
	16 10	☽△♅	G
	16 45	♀✱♅	
	19 37	☽∥♄	B
28	00 13	☽∥♇	D
Th	04 10	☽□☉	B
	09 18	☿Q♂	
	11 39	☿∠♅	
	13 59	☿ Stat	
	15 42	♀⋕♅	
	16 12	☽⚼♂	b
	21 48	☽✱☿	G
	23 33	☽✱♆	G
29	00 56	☽∠♀	b
Fr	01 47	☽∥♇	D
	05 00	☽●♄	B
	06 47	☽∥♄	B
	11 35	☽☌♇	D
	13 53	☽⊻♃	g
	18 16	♂Q♆	
	19 50	☿∠♅	
	23 07	☽⋕♂	B
30	00 05	☽△♂	G
Sa	01 46	☽♒	
	04 10	☽□♅	B
	04 14	☽∠☿	b
	05 52	☽∠♆	b

	10 36	☽⚺♀	g
	19 02	♀∠♄	
	20 23	☽∠♃	b
	21 53	☽✱☉	G
31	06 12	♂♊	
Su	11 17	☽⚺☿	g
	12 30	☽⚺♆	g
	18 06	☽⚺♄	g
	23 22	♀Q♃	

APRIL

1	00 36	☽⚺♇	g
Mo	03 02	☽✱♃	G
	07 14	☽∠☉	b
	14 48	☽♓	
	16 44	☽□♂	B
	17 30	☽✱♅	G
2	00 42	☽∠♄	b
Tu	06 31	☽☌♀	G
	07 03	☽∠♇	b
	07 29	♂⚺♅	
	09 13	☽#♅	B
	09 36	☿☌♆	
	11 47	♀∠♇	
	16 20	☽⚺☉	g
	22 39	☽∥♀	G
	23 53	☽∠♅	b
3	01 25	☽☌♆	D
We	01 58	☽☌☿	G
	06 58	☽✱♄	G
	13 09	☽✱♇	G
	15 36	☽□♃	B
	17 31	☽∥♆	D
	19 35	☽∥☿	G
	19 36	♂#♄	
	20 20	☽#☉	G
4	02 56	☽♈	
Th	04 15	☉#☿	
	05 50	☽⚺♅	g
	08 16	☽✱♂	G
5	00 41	☽⚺♀	g
Fr	01 14	♂#♇	
	03 34	☉#♆	
	08 50	☽☌☉	D
	12 38	☽⚺♆	g
	15 09	☽∠♂	b
	15 48	☽⚺☿	g
	18 02	☽□♄	B
	23 51	☽□♇	B
6	02 15	☽△♃	G
Sa	05 36	☽#☿	G
	08 18	☽#♆	D
	08 43	☽∠♀	b
	11 02	☽∥☉	G
	13 06	☽♉	
	16 09	☽☌♅	B
	17 27	☽∠♆	b
	17 39	☽#♀	G
	21 26	☽⚺♂	g
	22 08	☽∠☿	b
7	06 47	☽⚼♃	b
Su	09 17	☿✱♄	
	10 10	☉⚺♆	
	15 33	☽∥♅	B
	16 04	☽✱♀	G
	21 46	☽✱♆	G
	22 42	☽⚺☉	g
8	00 18	♂⚼♄	
Mo	02 59	☽△♄	G

	03 14	☉#♀	
	04 04	☽✱☿	G
	08 29	☽△♇	G
	21 15	☽♊	
9	00 26	☽⚺♅	g
Tu	04 42	☽∠☉	b
	06 44	☽⚼♄	b
	08 15	☽☌♂	B
	12 05	☽⚼♇	b
	17 38	♀∠♅	
10	03 52	☽∠♅	b
We	04 51	☽□♀	B
	04 58	☽□♆	B
	06 13	♀☌♆	
	08 47	☉□♄	
	10 06	☽✱☉	G
	14 43	☽□☿	B
	17 00	♃Stat	
	17 27	☽☍♃	B
	20 51	♀∥♆	
	21 45	☿✱♇	
11	02 54	☽#♄	B
Th	03 31	☽♋	
	06 49	☽✱♅	G
	07 45	☽#♇	D
	16 53	☽⚺♂	g
12	04 18	☿□♃	
Fr	06 00	♂⊥♅	
	10 15	☽△♆	G
	13 18	♂⚼♇	
	15 05	☽△♀	G
	15 05	☽☍♄	B
	15 08	♀✱♄	
	16 03	☽#♇	D
	19 06	☽□☉	B
	20 01	☽☍♇	B
	20 20	☽∠♂	b
	20 55	☽#♄	B
	23 33	☽△☿	G
	23 38	♂#♃	
13	07 50	☽☊	
Sa	08 07	☉□♇	
	11 14	☽□♅	B
	12 08	☽⚼♆	b
	17 54	☉⊥♆	
	18 25	☿⊥♅	
	19 13	☽⚼♀	b
	23 13	☽✱♂	G
	23 42	☽⚼♃	b
14	03 11	☽⚼☿	b
Su	13 41	☉△♃	
	22 07	☉∠♂	
	23 52	♀✱♇	
15	00 49	☽△♃	G
Mo	01 38	☽△☉	G
	10 14	☽♍	
	13 42	☽△♅	G
	17 52	☿Q♂	
	19 03	☽⚼♄	b
	23 15	♀□♃	
	23 38	☽⚼♇	b
16	00 18	☽∥♅	B
Tu	03 28	☽□♂	B
	04 10	☽⚼☉	b
	08 40	☽∥☉	G
	14 25	☽⚼♅	b
	15 09	☽☍♆	B
	19 40	☽△♄	G
17	00 10	☽△♇	G

We	02 03	☽□♃	B
	04 29	☽☍♀	B
	04 37	☽#♆	D
	06 01	☿♈	
	11 22	☽♎	
	11 51	☽☍☿	B
	13 09	♀⊥♅	
	18 06	☽#♀	G
	21 09	☽#☿	G
18	06 46	☽△♂	G
Th	13 45	☽∥☿	G
	16 19	☽∥♀	G
	20 48	☽□♄	B
19	01 18	☽□♇	B
Fr	02 17	☿⚺♅	
	03 07	☽✱♃	G
	04 27	☿Q♄	
	07 45	☽∥♆	D
	08 39	☽⚼♂	b
	11 12	☽☍☉	B
	12 40	☽♏	
	16 35	☽☍♅	B
	17 12	☽⚼♆	b
20	04 08	☽∠♃	b
Sa	08 55	☉♉	
	11 41	☽#☉	G
	13 26	☽#♅	B
	13 45	☽⚼♀	b
	16 11	♀♈	
	18 39	☽△♆	G
	22 02	☽⚼☿	b
	23 20	☽✱♄	G
21	04 00	☽✱♇	G
Su	05 47	☽⚺♃	g
	05 55	☿Q♇	
	12 28	☉∥♅	
	15 59	☽♐	
	18 19	☽△♀	G
	22 19	☉⚺♀	
22	01 41	☽∠♄	b
Mo	03 18	☽△☿	G
	05 48	♂±♄	
	06 30	☽∠♇	b
	17 14	♀Q♄	
	18 03	♀⚺♅	
	18 35	☽☍♂	B
	19 40	☿#♀	
	23 07	☉☌♅	
	23 33	☽⚼♅	b
	23 35	☽⚼☉	b
23	00 03	☽□♆	B
Tu	05 00	☽⚺♄	g
	06 04	☉∠♆	
	06 22	♀Q♂	
	09 58	☽⚺♇	g
	11 43	☽☌♃	G
	19 26	☽∥♄	B
	22 50	☽♑	
24	00 59	☽∥♇	D
We	03 46	☽△♅	G
	06 02	☽△☉	G
	07 12	☽□♀	B
	18 14	☽□☿	B
	18 47	♇Stat	
	22 16	♀Q♇	
25	09 22	☽✱♆	G
Th	14 33	☽●♄	B
	17 57	☽∥♇	D
	19 48	☽☌♇	D

	21 28	☽⚺♃	g
	23 51	☽∥♄	B
26	08 21	♂±♇	
Fr	09 27	☽♒	
	14 05	☽⚼♂	b
	14 57	☽□♅	B
	15 17	☽∠♆	b
	22 18	☽□☉	B
27	00 58	☽✱♀	G
Sa	03 26	☽∠♃	b
	07 23	♂∠♅	
	13 03	♂□♆	
	14 35	☽✱☿	G
	21 42	☽⚺♆	g
	22 11	☽△♂	G
28	02 55	☽⚺♄	g
Su	08 16	☽⚺♇	g
	09 44	☽✱♃	G
	10 52	☽∠♀	b
	22 11	☽♓	
	23 24	☽#☉	G
29	01 45	☽∠☿	b
Mo	04 02	☽✱♅	G
	09 23	☽∠♄	b
	09 59	☉⚼♃	
	14 23	☽#♅	B
	14 42	☽∠♇	b
	16 34	☽✱☉	G
	20 08	☿⚺♆	
	20 44	☽⚺♀	g
30	00 54	♄Stat	
Tu	10 26	☽∠♅	b
	10 33	☽☌♆	D
	12 47	☽⚺☿	g
	14 22	☽□♂	B
	15 34	☽✱♄	G
	20 48	☽✱♇	G
	21 57	☽□♃	B

MAY

1	01 17	☽∠☉	b
We	03 23	☽∥♆	D
	03 42	☽#☿	G
	05 43	☿#♆	
	06 37	☿✱♂	
	08 50	☿□♄	
	10 24	☽♈	
	12 17	♂⚻♄	
	13 50	☽#♀	G
	16 22	☽⚺♅	g
2	02 49	♅∠♆	
Th	09 17	☽⚺☉	g
	14 39	☽☌♀	G
	21 36	☽⚺♆	g
	21 51	☿□♇	
3	02 17	☽□♄	B
Fr	03 59	☿△♃	
	04 22	☽✱♂	G
	07 17	☽□♇	B
	08 06	☽△♃	G
	08 19	☽∥♀	G
	08 47	☽☌☿	G
	11 03	☿⊥♆	
	14 01	☽#♆	D
	20 18	☽♉	
4	00 23	☽∥☿	G
Sa	02 08	☽∠♆	b
	02 15	☽☌♅	B
	10 12	☽∠♂	b

	12 12	☽⚼♃	b
	22 45	☽☌☉	D
5	01 12	☽∥♅	B
Su	05 06	☽⚺♀	g
	06 02	☽✱♆	G
	10 22	☽△♄	G
	12 29	♂⚻♇	
	15 10	☽△♇	G
	15 18	♀⚺♆	
	15 19	☽⚺♂	g
	16 33	♀#♆	
	21 57	♂☍♃	
6	01 18	☽⚺☿	g
Mo	03 40	☽♊	
	04 05	☽∥☉	G
	09 37	☽⚺♅	g
	11 09	☽∠♀	b
	13 33	☽⚼♄	b
	18 17	☽⚼♇	b
	18 25	☿♉	
7	08 31	☽∠☿	b
Tu	09 20	☽⚺☉	g
	12 15	☽□♆	B
	12 33	☽∠♅	b
	13 26	♀□♄	
	16 35	☽✱♀	G
	21 10	☽☍♃	B
	23 50	☽☌♂	B
8	01 51	☉±♃	
We	04 22	☽#♄	B
	09 06	☽♋	
	09 26	☽#♇	D
	11 41	☿∠♆	
	13 50	☽∠☉	b
	14 23	☿☌♅	
	15 07	☽✱♅	G
	15 13	☽✱☿	G
9	02 52	☉✱♆	
Th	10 30	♃⚺♇	
	16 55	☽△♆	G
	16 56	♀△♃	
	17 20	♀□♇	
	17 57	☽✱☉	G
	20 44	☽☍♄	B
10	01 20	☽☍♇	B
Fr	01 49	☽#♇	D
	02 06	☽□♀	B
	04 47	☿∥♅	
	06 43	☽⚺♂	g
	06 46	☽#♄	B
	13 14	☽☊	
	16 13	♀⊥♆	
	18 50	☽⚼♆	b
	19 19	☽□♅	B
	22 56	☿⚼♃	
11	02 52	☽⚼♃	b
Sa	03 33	☽□☿	B
	09 19	☉△♄	
	09 41	☽∠♂	b
	18 41	☽∥☉	G
12	01 12	☽□☉	B
Su	04 16	☽△♃	G
	10 14	☽△♀	G
	12 24	☽✱♂	G
	16 22	☽♍	
	18 33	☽∥☿	G
	22 33	☽△♅	G
13	00 17	☉⊥♂	
Mo	01 27	☽⚼♄	b

	05 02	☽∥♅	B
	05 59	☽⚼♇	b
	13 55	☽⚼♀	b
	14 48	☽△☿	G
	15 59	☿∠♂	
	18 27	☉⊼♃	
	20 11	☽∥♀	G
	23 14	☽☍♆	B
	23 54	☽⚼♅	b
14	02 39	☽△♄	G
Tu	03 07	☉△♇	
	06 32	☽□♃	B
	07 12	☽△♇	G
	07 30	☽△☉	G
	13 48	☽#♆	D
	13 58	♀⚹♂	
	17 19	☽□♂	B
	18 51	☽♎	
	20 14	☽⚼☿	b
15	04 51	☿±♃	
We	09 46	♀♉	
	10 30	☽⚼☉	b
16	01 20	☿⚹♆	
Th	03 09	♂♋	
	05 00	☽□♄	B
	08 39	☽⚹♃	G
	09 37	☽□♇	B
	15 30	☽∥♆	D
	21 26	☽♏	
	22 18	☽△♂	G
	23 09	☿△♄	
17	00 47	☽☍♀	B
Fr	03 12	☽⚼♆	b
	04 04	☽☍♅	B
	09 59	☽∠♃	b
	18 00	☽#♀	G
	21 49	☿⊼♃	
18	01 17	☽⚼♂	b
Sa	01 24	☽#♅	B
	05 02	☽△♆	G
	05 04	♀∠♆	
	05 48	☿△♇	
	08 15	☽⚹♄	G
	11 43	☽⊻♃	g
	13 04	☽⚹♇	G
	14 26	☽☍☿	B
	16 17	♀☌♅	
	21 11	☽☍☉	B
19	01 21	☽♐	
Su	10 37	☽∠♄	b
	15 37	☽∠♇	b
	18 50	☿⊥♂	
20	02 17	☽#☿	G
Mo	05 45	☽#☉	G
	10 32	☽□♆	B
	11 41	☽⚼♅	b
	13 43	☽⊻♄	g
	15 56	☽⚼♀	b
	17 05	☽☌♃	G
	18 54	☽⊻♇	g
	19 15	☉∥☿	
21	02 57	☽∥♄	B
Tu	03 20	♀⚼♃	
	05 21	♀∥♅	
	07 56	☽♑	
	07 59	☽∥♇	D
	07 59	☉♊	
	10 52	☿♊	
	13 07	☉☌☿	

	14 35	☽☍♂	B
	15 43	☽△♅	G
	15 58	☿Q♆	
	19 40	☉Q♆	
	22 58	☽△♀	G
22	14 46	♂⚹♅	
We	14 52	☽⚼☉	b
	17 59	☽⚼☿	b
	19 14	☽⚹♆	G
	22 22	☽●♄	B
23	01 36	☽⊻♃	g
Th	03 58	☽☌♇	D
	05 38	☽∥♇	D
	06 41	☿#♄	
	09 05	☿⊻♅	
	09 31	☽#☿	G
	10 49	☽∥♄	B
	16 04	☿⊻♂	
	17 15	☿#♇	
	17 49	☽♒	
	18 22	☿⚼♄	
	22 49	☽△☉	G
24	00 44	☽#☉	G
Fr	00 46	☽∠♆	b
	02 17	☽□♅	B
	06 01	☽△☿	G
	06 58	☽∠♃	b
	16 17	☽□♀	B
25	01 48	☿⚼♇	
Sa	02 36	☿#♃	
	06 54	☽⊻♆	g
	09 54	☽⊻♄	g
	11 59	☽⚼♂	b
	12 51	☽⚹♃	G
	15 48	☽⊻♇	g
	20 40	☉⊻♅	
26	04 38	☿⊥♅	
Su	06 07	☽♓	
	07 37	☽#♀	G
	12 00	☉⚼♄	
	15 02	☽⚹♅	G
	16 11	☽∠♄	b
	16 34	☽□☉	B
	20 07	☽△♂	G
	20 22	☽#♅	B
	22 09	☽∠♇	b
27	08 07	☽□☿	B
Mo	11 52	☽⚹♀	G
	19 39	☽☌♆	D
	20 08	☿±♄	
	21 27	☽∠♅	b
	21 44	♀±♃	
	22 22	☽⚹♄	G
28	00 54	☽□♃	B
Tu	04 21	☽⚹♇	G
	13 27	☽∥♆	D
	18 32	☽♈	
	21 17	☽∠♀	b
29	03 29	☽⊻♅	g
We	04 01	☿⊻♀	
	05 43	☿±♇	
	07 48	☿∥♂	
	09 51	☽⚹☉	G
	10 40	☉#♄	
	11 30	☽□♂	B
	12 39	☉⚼♇	
30	01 22	☿□♆	
Th	05 53	☽⊻♀	g
	06 56	☽⊻♆	g

	08 03	☽⚹☿	G
	09 16	☽□♄	B
	11 21	☽△♃	G
	13 00	☿∠♅	
	15 08	☽□♇	B
	15 19	☿⊼♄	
	16 50	♀⚹♆	
	17 22	☽∠☉	b
	22 00	☽#♆	D
31	00 41	☉#♇	
Fr	03 12	☿☍♃	
	04 43	☽♉	
	11 30	☽∠♆	b
	13 26	☽☌♅	B
	15 26	♀△♄	
	15 30	☽⚼♃	b
	17 56	☽∠☿	b
	22 02	☉⊻♂	
	23 49	☽⚹♂	G
	23 52	☽⊻☉	g
	JUNE		
1	03 14	☿⊼♇	
Sa	09 20	♀⊼♃	
	11 00	☉⊥♅	
	12 39	☽∥♅	B
	15 15	☽⚹♆	G
	17 12	☽△♄	G
	19 55	☽☌♀	G
	22 53	☽△♇	G
2	02 22	☽⊻☿	g
Su	04 36	☽∠♂	b
	11 48	☽♊	
	17 05	☽∥♀	G
	20 03	☽⚼♄	b
	20 15	☽⊻♅	g
3	01 39	☽⚼♇	b
Mo	03 42	♀△♇	
	08 34	☽⊻♂	g
	10 02	☽☌☉	D
	20 39	☽□♆	B
	22 40	☽∠♅	b
	23 35	☽☍♃	B
4	06 11	☽⊻♀	g
Tu	10 49	☉±♄	
	12 57	☽#♄	B
	15 42	☽☌☿	G
	16 17	☽♋	
	16 53	☽#♇	D
	20 04	☿♋	
	23 01	☉#♃	
5	00 36	☽⚹♅	G
We	10 22	☽∠♀	b
	14 48	☽☌♂	B
	17 31	☽⊻☉	g
6	00 06	☽△♆	G
Th	01 28	☽☍♄	B
	05 03	☿⊥♀	
	07 00	☽☍♇	B
	08 46	☽#♇	D
	12 30	☽#♄	B
	14 10	☽⚹♀	G
	19 16	☽☊	
	20 43	☽∠☉	b
	23 19	♃⚼♅	
7	01 26	☽⚼♆	b
Fr	02 09	☽⊻☿	g
	03 34	☽⚼♃	b
	03 37	☽□♅	B

	14 16	☿⚹♅	
	18 07	☉±♇	
	19 16	☽∥♀	G
	19 50	☽⊻♂	g
	23 47	☽⚹☉	G
8	04 34	☽△♃	G
Sa	06 54	☽∠☿	b
	21 23	☽□♀	B
	21 45	☽♍	
	22 15	☽∠♂	b
9	01 37	♀♊	
Su	04 59	☽⚼♄	b
	06 16	☽△♅	G
	08 49	☽∥♅	B
	10 42	☽⚼♇	b
	11 33	☽⚹☿	G
	15 07	♀Q♆	
	17 48	♀∠♂	
	19 34	☉□♆	
10	00 45	☽⚹♂	G
Mo	05 17	☽☍♆	B
	05 59	☽□☉	B
	06 12	☽△♄	G
	06 42	☽□♃	B
	07 41	☽⚼♅	b
	09 04	☉⊼♄	
	12 01	☽△♇	G
	15 28	☉☍♃	
	20 38	☽#♆	D
11	00 29	☽♎	
Tu	04 55	☽△♀	G
	08 11	☉∠♅	
	20 18	♂Q♅	
	21 03	☽□☿	B
12	06 18	☽□♂	B
We	09 04	☽⚼♀	b
	09 11	☽□♄	B
	09 27	☽⚹♃	G
	10 25	♀⚼♄	
	12 57	☽△☉	G
	15 15	☽□♇	B
	21 57	☽∥♆	D
13	04 02	☽♏	
Th	08 41	♀⊻♅	
	10 30	☽⚼♆	b
	11 13	☽∠♃	b
	13 11	☽☍♅	B
	16 58	☽⚼☉	b
	21 45	☉⊼♇	
14	06 11	♂△♆	
Fr	07 33	☽△☿	G
	11 29	☽#♅	B
	12 53	☽△♆	G
	13 13	☽△♂	G
	13 21	☽⚹♄	G
	13 22	☽⊻♃	g
	13 51	☉∥♂	
	15 50	♂☍♄	
	15 53	♂⊼♃	
	16 28	♃⊻♄	
	19 46	☽⚹♇	G
15	06 39	♀⚼♇	
Sa	09 03	☽♐	
	11 12	☿Q♅	
	13 29	☽⚼☿	b
	16 05	☽∠♄	b
	17 26	☽⚼♂	b
	22 43	☽∠♇	b
16	00 23	☽☍♀	B

Su	11 43	☿△♆	
	12 02	☿⊼♃	
	14 00	☿☍♄	
	15 22	♃□♆	
	19 08	☽☌♃	G
	19 11	☽□♆	B
	19 23	☽⊻♄	g
	22 16	☽⚼♅	b
17	02 15	☽⊻♇	g
Mo	05 13	☽#♀	G
	08 31	☽☍☉	B
	14 50	☽∥♄	B
	16 13	☽♑	
	18 08	☽∥♇	D
	18 23	☉∥☿	
18	02 29	☽△♅	G
Tu	10 58	♀⊥♅	
	11 47	♄⚹♆	
	12 44	☽∥♃	G
	16 04	☿☌♂	
	18 33	☽∥♃	G
19	03 22	☽⊻♃	g
We	03 53	☽●♄	B
	03 59	☽⚹♆	G
	10 22	☽☍♂	B
	10 47	♀±♄	
	10 56	☿☍♇	
	11 17	☽☌♇	D
	11 19	☽☍☿	B
	12 56	☽∥♇	D
	15 39	☿∥♂	
	16 08	☽∥♄	B
	17 40	☽#♀	G
	22 35	☽⚼♀	b
20	02 01	☽♒	
Th	03 26	♂☍♇	
	03 41	♀#♄	
	08 26	☽∠♃	b
	09 21	☽∠♆	b
	12 56	☽□♅	B
	21 25	☿#♃	
	22 12	☿±♃	
	22 18	♀#♇	
21	07 07	☽⚼☉	b
Fr	07 42	☽△♀	G
	14 02	☽⚹♃	G
	14 35	♆Stat	
	14 52	☽⊻♄	g
	15 17	☽⊻♆	g
	15 54	☉♋	
	16 25	☿∥♀	
	22 44	☽⊻♇	g
22	00 58	☿#♇	
Sa	09 21	☿#♄	
	12 37	♀±♇	
	12 41	♂±♃	
	14 01	☽♓	
	15 57	☽△☉	G
	20 58	☽∠♄	b
23	01 25	☽⚹♅	G
Su	02 25	☽#♅	B
	05 00	☽∠♇	b
	06 14	♀#♃	
	09 20	☽⚼♂	b
	10 53	♀∥♂	
	14 18	☽⚼☿	b
	16 45	♀☍♃	
	18 01	♂#♃	
24	02 03	☽□♃	B

Mo	02 32	♀⊼♄	
	03 09	☽✶♄	G
	03 14	☽□♀	B
	03 55	☽☌♆	D
	07 52	☽∠♅	b
	09 58	♀□♆	
	11 17	☽✶♇	G
	17 22	☽△♂	G
	22 21	☽∥♆	D
	23 10	☽△☿	G
25 Tu	02 38	☽♈	
	05 09	♀⊥♂	
	09 46	☽□☉	B
	14 03	☽⊻♅	g
26 We	01 34	♀∠♅	
	13 20	☽△♃	G
	14 38	☽□♄	B
	15 42	☽⊻♆	g
	17 51	♂#♇	
	21 38	☽✶♀	G
	22 43	☽□♇	B
27 Th	00 19	☿♌	
	07 03	☽#♆	D
	07 51	☽□♂	B
	08 20	♀⊼♇	
	12 21	♂#♄	
	13 32	☽♉	
	14 23	☽□☿	B
	17 45	☉✶♅	
	18 03	☽⚼♃	b
	20 36	☽∠♆	b
28 Fr	00 34	☽☌♅	B
	01 06	☽✶☉	G
	05 26	☽∠♀	b
	23 20	☽△♄	G
29 Sa	00 26	☽∥♅	B
	00 38	☽✶♆	G
	07 09	☽△♇	G
	07 11	☽∠☉	b
	12 01	☽⊻♀	g
	18 38	☽✶♂	G
	21 09	☽♊	
30 Su	00 51	☽✶☿	G
	02 06	☿⚼♃	
	02 22	☽⚼♄	b
	07 38	☽⊻♅	g
	10 02	☽⚼♇	b
	10 51	☉∥♀	
	12 09	☽⊻☉	g
	15 23	☽∥☿	G
	18 15	☿⊥♀	
	22 30	☽∠♂	b

JULY

1 Mo	03 06	☽☍♃	B
	04 20	☽∠☿	b
	06 04	☽□♆	B
	09 53	☽∠♅	b
	17 16	☽∥♂	B
	21 48	☽☌♀	G
	23 19	♂♌	
2 Tu	01 24	☽♋	
	01 30	☽⊻♂	g
	03 20	☽#♄	B
	04 59	☽#♇	D
	06 50	☽⊻☿	g
	11 27	☽✶♅	G
	12 26	☽#♃	G
	19 16	☽☌●	D

3 We	07 01	☽☍♄	B
	07 53	☽#♃	G
	08 40	☽△♆	G
	11 46	☿⚼♆	
	14 25	☽☍♇	B
	14 47	☽#♇	D
	15 18	♀♋	
	16 13	☽#♄	B
4 Th	03 19	☽♌	
	04 25	☽⊻♀	g
	05 41	☽☌♂	B
	06 02	☽⚼♃	b
	06 47	☽∥♂	B
	09 21	☽⚼♆	b
	09 50	☽☌☿	G
	12 32	♂⚼♃	
	13 11	☽□♅	B
5 Fr	00 10	☽⊻☉	g
	06 24	☽△♃	G
	07 12	☽∠♀	b
	10 32	♀⊻♂	
	14 02	☽∥☿	G
6 Sa	02 24	☽∠☉	b
	04 25	☽♍	
	08 28	☽⚼♄	b
	09 01	☽⊻♂	g
	10 00	☽✶♀	G
	11 36	☽⊻☿	g
	13 47	☽∥♅	B
	14 24	☽△♅	G
	16 03	☽⚼♇	b
7 Su	04 49	☽✶☉	G
	06 26	☿⊻♀	
	07 20	☽□♃	B
	09 04	☽△♄	G
	10 54	☽∠♂	b
	11 11	☽☍♆	B
	12 30	☽∠☿	b
	15 15	☽⚼♅	b
	16 50	☽△♇	G
	17 15	♂⚼♆	
	23 14	☿ Stat	
8 Mo	02 26	☽#♆	D
	06 07	☽♎	
	13 09	☽✶♂	G
	13 37	☽✶☿	G
	15 32	♀✶♅	
	15 48	☉⊼♃	
	16 33	☽□♀	B
	22 27	☿☌♂	
9 Tu	09 30	☽✶♃	G
	10 55	☽□☉	B
	11 22	☽□♄	B
	17 07	☉☍♄	
	19 35	☽□♇	B
10 We	03 50	☽∥♆	D
	09 29	☽♏	
	11 18	☽∠♃	b
	15 50	☽⚼♆	b
	16 47	☽□☿	B
	17 40	☉Q♅	
	17 41	☉#♃	
	19 20	☽□♂	B
	20 21	☽☍♅	B
11 Th	01 29	☽△♀	G
	04 31	☉△♆	
	04 34	♃⊥♇	
	13 40	☽⊻♃	g
	15 41	☽✶♄	G

	18 01	♂□♅	
	18 28	☽△♆	G
	19 11	☽#♅	B
	19 33	☽△☉	G
	19 48	☉#♇	
	23 28	☉#♄	
12 Fr	00 28	☽✶♇	G
	07 05	☽⚼♀	b
	10 52	☽#☿	G
	15 05	☽♐	
	16 19	☿⚼♆	
	18 43	☽∠♄	b
	21 33	☽△☿	G
13 Sa	00 58	☽⚼☉	b
	03 48	☽∠♇	b
	04 10	☽△♂	G
	16 43	☽#♂	B
	20 11	☽☌♃	G
	22 21	☽⊻♄	g
14 Su	00 31	☽⚼☿	b
	01 30	☽□♆	B
	06 33	☽⚼♅	b
	07 44	☽⊻♇	g
	09 37	☽⚼♂	b
	09 59	☉±♃	
	14 51	☉☍♇	
	19 05	☽#☉	G
	23 05	☽♑	
15 Mo	05 04	☽∥♄	B
	05 13	☽∥♇	D
	08 19	☽∥♃	G
	11 08	☽△♅	G
16 Tu	03 29	♄∥♇	
	04 42	☽☍♀	B
	05 01	☽⊻♃	g
	07 18	☽☌♄	B
	07 44	♀⊼♃	
	10 52	☽✶♆	G
	13 28	☽∥♃	G
	16 06	☽∥♄	B
	16 10	☽∥♇	D
	17 16	☽☌♇	D
	21 38	☽☍☉	B
17 We	05 34	♀☍♄	
	09 19	☽♒	
	10 03	☽#☉	G
	10 14	☽∠♃	b
	11 39	☽☍☿	B
	16 19	☽∠♆	b
	21 54	☽□♅	B
18 Th	05 50	☽☍♂	B
	14 38	☽#♂	B
	14 55	♀Q♅	
	15 53	☽✶♃	G
	17 51	☿⚼♃	
	18 03	♀△♆	
	18 15	☽⊻♄	g
	22 13	☽⊻♆	g
19 Fr	04 45	☽⊻♇	g
	07 06	☿♋	
	16 50	☽#☿	G
	21 19	☽♓	
20 Sa	00 16	☽∠♄	b
	08 08	☽#♅	B
	08 26	☽⚼♀	b
	10 16	☽✶♅	G
	10 58	☽∠♇	b
	22 35	♀±♃	
	23 33	☽⚼☉	b

21 Su	01 15	☽⚼☿	b
	04 06	☽□♃	B
	06 28	☽✶♄	G
	08 32	♀☍♇	
	10 46	☽☌♆	D
	12 34	☉☌☿	
	15 10	♂±♆	
	16 42	☽∠♅	b
	17 18	☽✶♇	G
	18 20	☽△♀	G
22 Mo	02 09	♃∥♄	
	05 08	☽∥♆	D
	05 27	♀#♄	
	05 44	♀#♃	
	05 45	☽⚼♂	b
	05 58	☽△☿	G
	08 34	☽△☉	G
	09 32	♀#♇	
	10 02	☽♈	
	23 01	☽⊻♅	g
23 Tu	02 50	☉♌	
	04 52	☉⚼♃	
	13 34	☽△♂	G
	16 14	☽△♃	G
	18 31	☽□♄	B
	22 59	☽⊻♆	g
24 We	05 20	☽□♇	B
	13 12	☽□♀	B
	14 48	☽□☿	B
	15 44	☽#♆	D
	21 40	☽⚼♃	b
	21 42	☽♉	
25 Th	00 26	☿☌♀	
	01 18	☽□☉	B
	04 22	☽∠♆	b
	10 17	☽☌♅	B
	12 22	♂△♃	
	12 54	♃∥♇	
26 Fr	03 12	☽□♂	B
	04 29	☽△♄	G
	08 59	☽✶♆	G
	10 32	☽∥♅	B
	14 57	☽△♇	G
	16 27	☉⚼♆	
	21 44	☽✶☿	G
27 Sa	02 41	♂⊼♄	
	04 28	☽✶♀	G
	06 29	☽♊	
	08 10	☽∥☿	G
	08 13	☽⚼♄	b
	11 42	☽∥♂	B
	14 16	☽✶☉	G
	18 20	☽⊻♅	g
	18 26	☽⚼♇	b
	22 41	♀⚼♃	
28 Su	00 11	☽∠☿	b
	01 54	♀♌	
	03 07	☽∥☉	G
	09 08	☽☍♃	B
	10 13	☽∠♀	b
	12 45	☽✶♂	G
	15 08	☿∥♂	
	15 24	☽□♆	B
	18 59	☽∠☉	b
	20 10	☽∥♀	G
	20 55	☽∠♅	b
29 Mo	01 55	☽⊻☿	g
	11 31	☽♋	
	14 44	☽⊻♀	g

	15 55	☽∠♂	b
	17 57	☽#♃	G
	18 50	☽#♇	D
	20 53	☽#♄	B
	22 34	☽⊻☉	g
	22 37	☽✶♅	G
	23 14	☉□♅	
30 Tu	13 57	☽☍♄	B
	18 09	☽⊻♂	g
	18 15	☽△♆	G
	18 50	♀⚼♆	
	19 00	☽#♄	B
	20 09	♂⊼♆	
	21 08	☽#♇	D
	22 11	☽#♃	G
	23 27	☽☍♇	B
31 We	03 32	☽☌☿	G
	12 48	☽⚼♃	b
	13 18	☽♌	
	18 40	☽⚼♆	b
	20 51	☽☌♀	G
	23 54	☽□♅	B

AUGUST

1 Th	02 58	☽∥♀	G
	03 12	☽☌☉	D
	03 57	☿ Stat	
	12 53	☽△♃	G
	18 21	☽∥☉	G
	19 16	☽∥☿	G
	20 48	☽☌♂	B
2 Fr	01 40	☉∥☿	
	03 47	☽⊻☿	g
	06 50	☽∥♂	B
	10 00	♀□♅	
	13 20	☽♍	
	14 12	☽⚼♄	b
	21 29	☽∥♅	B
	23 35	☽⚼♇	b
	23 50	☽△♅	G
3 Sa	01 03	☽⊻♀	g
	03 56	☽∠☿	b
	06 20	☽⊻☉	g
	12 39	☽□♃	B
	14 03	☽△♄	G
	18 30	☽☍♆	B
	22 50	☽⊻♂	g
	23 35	☽△♇	G
	23 52	☽⚼♅	b
4 Su	03 17	☽∠♀	b
	04 27	☽✶☿	G
	08 06	☽∠☉	b
	08 59	☽#♆	D
	13 30	☽♎	
	15 59	♂⊼♇	
	16 28	♂±♄	
	21 49	☉±♆	
5 Mo	00 19	☽∠♂	b
	06 00	☽✶♀	G
	10 25	☽✶☉	G
	13 27	☽✶♃	G
	14 46	☽□♄	B
	17 20	☿∥♀	
6 Tu	00 51	☽□♇	B
	02 26	☽✶♂	G
	07 36	☽□☿	B
	10 36	☽∥♆	D
	14 44	☽∠♃	b
	15 31	☽♏	

	21 00	☽⚼♆	b
	23 09	♀±♆	
7	02 55	☽☍♅	B
We	07 31	☉△♃	
	14 01	☽□♀	B
	16 48	☽⊻♃	g
	17 31	☽□☉	B
	18 02	☽⚹♄	G
	23 15	☽△♆	G
8	00 24	☉⊼♄	
Th	01 08	☽#♅	B
	04 53	☽⚹♇	G
	09 16	☽□♂	B
	09 35	☽#♂	B
	14 58	☽△☿	G
	18 26	☽#☉	G
	20 28	♀△♃	
	20 35	☽♐	
	20 52	☽∠♄	b
9	04 23	☽#♀	G
Fr	08 07	☽∠♇	b
	08 24	♀⊼♄	
	18 05	☽#☿	G
	20 33	☽⚼☿	b
	23 25	☽☌♃	G
10	00 30	☽⊻♄	g
Sa	02 19	☽△♀	G
	04 39	☽△☉	G
	06 12	☽□♆	B
	12 09	☽⊻♇	g
	12 49	☽⚼♅	b
	19 50	☽△♂	G
11	00 44	☉⊼♆	
Su	04 50	☽♑	
	09 01	☿⚼♃	
	10 00	☽⚼♀	b
	11 38	☽⚼☉	b
	11 42	☽∥♃	G
	13 38	♃Stat	
	14 32	☽∥♇	D
	17 37	☽△♅	G
	17 43	♀⊼♆	
	19 43	☽∥♄	B
	19 46	☿♌	
12	02 22	☽⚼♂	b
Mo	02 27	♅Stat	
	09 00	☽⊻♃	g
	09 53	☽●♄	B
	12 46	☽∥♄	B
	15 58	☽⚹♆	G
	18 09	☽∥♇	D
	21 05	☽∥♃	G
	22 11	☽☌♇	D
13	14 37	☽∠♃	b
Tu	15 35	☽♒	
	19 27	♂±♇	
	20 33	☽☍☿	B
	21 37	☽∠♆	b
	22 24	☉±♄	
14	00 03	♀±♄	
We	04 47	☽□♅	B
	06 06	☿⚼♆	
	06 07	☉☌♀	
	06 08	♀⊼♇	
	06 08	☉⊼♇	
	16 55	☽#☿	G
	20 37	☽⚹♃	G
	21 15	☽⊻♄	g
	23 58	♂∥♅	

15	03 37	☽⊻♆	g
Th	10 00	☽⊻♇	g
	12 29	☽☍☉	B
	13 16	☽☍♀	B
16	01 02	☽☍♂	B
Fr	02 45	☽#♀	G
	03 21	☽∠♄	b
	03 49	☽♓	
	10 36	☽#☉	G
	13 57	☽#♅	B
	16 15	☽∠♇	b
	16 21	☽#♂	B
	17 07	☿□♅	
	17 11	☽⚹♅	G
17	09 17	☽□♃	B
Sa	09 36	☽⚹♄	G
	16 08	☽☌♆	D
	17 39	♂⚼♄	
	22 34	☽⚹♇	G
	23 33	☽∠♅	b
18	01 30	☉∥♅	
Su	04 21	☽⚼☿	b
	05 18	♂♍	
	09 56	☽∥♆	D
	16 33	☽♈	
19	00 47	♀±♇	
Mo	05 51	☽⊻♅	g
	14 47	♃⊻♄	
	15 27	☽⚼☉	b
	15 41	☽△☿	G
	18 47	☽⚼♀	b
	21 11	☿±♆	
	21 56	☽□♄	B
	21 58	☽△♃	G
20	01 04	☽⚼♂	b
Tu	04 30	☽⊻♆	g
	05 51	♀∥♅	
	09 02	☉±♇	
	10 53	☽□♇	B
	23 15	☽#♆	D
21	00 01	☽△☉	G
We	00 15	♀⚼♄	
	03 55	☽⚼♃	b
	04 06	☽△♀	G
	04 37	☽♉	
	08 26	☿⊼♄	
	08 33	☽△♂	G
	09 06	♀♍	
	10 05	☿△♃	
	10 14	☽∠♆	b
	17 33	☽☌♅	B
22	07 36	☽∥♂	B
Th	08 57	☽△♄	G
	09 00	☽∥☉	G
	11 41	☽∥♀	G
	13 22	☽□☿	B
	15 23	☽⚹♆	G
	17 25	☽∥♅	B
	20 43	☉⚼♄	
	21 33	☽△♇	G
23	02 26	☿⊼♆	
Fr	10 02	☉♍	
	13 30	☽⚼♄	b
	14 34	☽♊	
	14 41	☽∥☿	G
	14 56	☽□☉	B
	20 17	☽□♀	B
	21 19	☽□♂	B
24	01 47	☽⚼♇	b

Sa	02 48	☽⊻♅	g
	10 56	☿±♄	
	17 05	♀☌♂	
	17 53	☽☍♃	B
	17 57	☉∥♂	
	18 14	☿⊼♇	
	23 17	☽□♆	B
25	06 07	☽∠♅	b
Su	06 58	☽⚹☿	G
	21 05	☽♋	
	23 28	♀∥♂	
26	01 33	☽⚹☉	G
Mo	03 24	☽#♃	G
	04 47	♀⚼♇	
	05 23	☽#♇	D
	05 59	☽⚹♂	G
	07 44	☽⚹♀	G
	08 27	☽⚹♅	G
	11 49	☽#♄	B
	13 37	☽∠☿	b
	15 38	♀△♅	
	21 45	☽☍♄	B
	23 35	☽#♄	B
27	03 28	☽△♆	G
Tu	05 05	☽∠☉	b
	05 40	☉∥♀	
	05 56	☽#♇	D
	07 42	☽#♃	G
	08 41	☽∠♂	b
	08 55	☽☍♇	B
	11 36	☽∠♀	b
	13 46	♂⚼♇	
	18 48	☿±♇	
	18 52	☽⊻☿	g
	23 45	☽⚼♃	b
	23 53	☽♌	
28	04 15	☽⚼♆	b
We	07 36	☽⊻☉	g
	07 58	♃⊥♇	
	10 29	☽⊻♂	g
	10 30	☽□♅	B
	10 53	♂△♅	
	14 26	☽⊻♀	g
	22 38	☿⚼♄	
29	00 07	☽△♃	G
Th	04 19	☿∥♅	
	07 48	☿♍	
	13 08	☉⚼♇	
	22 43	☽⚼♄	b
	23 57	☽♍	
30	02 22	☽☌☿	G
Fr	03 14	☉△♅	
	08 03	☽∥♅	B
	09 14	☽⚼♇	b
	10 09	☽△♅	G
	10 37	☽☌☉	D
	12 15	☽☌♂	B
	12 33	☽∥☿	G
	18 13	☽☌♀	G
	22 14	☽△♄	G
	23 39	☽□♃	B
31	01 23	☽∥♂	B
Sa	03 35	☽☍♆	B
	04 48	☽∥☉	G
	06 57	☽∥♀	G
	08 46	☽△♇	G
	09 41	☽⚼♅	b
	17 15	☽#♆	D
	23 08	☽♎	

SEPTEMBER

1	07 11	☿⚼♇	
Su	08 39	☽⊻☿	g
	13 09	☽⊻☉	g
	13 39	☽⊻♂	g
	14 11	☿△♅	
	18 49	♀△♄	
	21 40	☽□♄	B
	21 56	☽⊻♀	g
	23 24	☽⚹♃	G
2	08 34	☽□♇	B
Mo	10 42	☉☌♂	
	12 29	☽∠☿	b
	15 00	☽∠♂	b
	15 07	☽∠☉	b
	16 26	♀□♃	
	19 26	☽∥♆	D
	23 35	☽♏	
3	00 02	☽∠♃	b
Tu	00 11	☽#♀	G
	00 42	☽∠♀	b
	03 30	☽#☉	G
	03 45	☽⚼♆	b
	08 21	☽#♂	B
	10 18	☽☍♅	B
	11 27	☽#☿	G
	15 40	☿☌♂	
	17 12	☽⚹♂	G
	17 21	☽⚹☿	G
	17 58	☽⚹☉	G
	23 18	☽⚹♄	G
4	01 28	☽⊻♃	g
We	01 40	☉☌☿	
	04 31	☽⚹♀	G
	05 09	☽△♆	G
	06 50	☽#♅	B
	10 58	☽⚹♇	G
	11 26	♀☍♆	
	18 56	☿∥♂	
5	01 27	☽∠♄	b
Th	02 54	♀#♆	
	03 08	☽♐	
	12 37	☿△♄	
	13 35	☽∠♇	b
6	00 49	☽□♂	B
Fr	00 55	♃∥♇	
	03 10	☽□☉	B
	04 36	☽⊻♄	g
	07 11	☿□♃	
	07 20	☽☌♃	G
	07 21	☽□☿	B
	10 53	☽□♆	B
	16 03	☽□♀	B
	17 12	☽⊻♇	g
	18 14	☽⚼♅	b
	21 56	☉△♄	
7	03 46	♀△♇	
Sa	07 18	☿☍♆	
	10 37	☽♑	
	14 09	♀⚼♅	
	18 41	☽∥♇	D
	19 02	☉#♆	
	19 11	☽∥♃	G
	20 48	☿#♆	
	22 27	☉∥☿	
	22 47	☽△♅	G
8	01 51	☽∥♄	B
Su	12 53	☽△♂	G

	13 42	☽●♄	B
	15 27	☉□♃	
	17 04	☽⊻♃	g
	17 11	☽△☉	G
	17 15	☽∥♄	B
	20 18	☽⚹♆	G
	23 41	☽∥♃	G
9	00 34	☽∥♇	D
Mo	03 02	☽△☿	G
	03 03	☽☌♇	D
	03 09	☿△♇	
	04 14	♂△♄	
	08 30	☽△♀	G
	09 59	☿⚼♅	
	20 12	☽⚼♂	b
	21 24	☽♒	
	23 00	☽∠♃	b
10	01 32	☽⚼☉	b
Tu	02 02	☽∠♆	b
	07 24	☉☍♆	
	09 57	☽□♅	B
	14 18	☽⚼☿	b
	17 57	☽⚼♀	b
11	01 25	☽⊻♄	g
We	05 22	☽⚹♃	G
	08 08	☽⊻♆	g
	15 08	☽⊻♇	g
12	07 43	☽∠♄	b
Th	09 06	♂□♃	
	09 52	☽♓	
	16 27	☿∥♀	
	20 52	☽#♅	B
	21 29	☽∠♇	b
	22 27	☽⚹♅	G
13	14 04	☽⚹♄	G
Fr	15 11	☿☌♀	
	18 35	☽□♃	B
	19 42	☉△♇	
	20 12	☽☍♂	B
	20 43	☽☌♆	D
14	03 49	☽⚹♇	G
Sa	04 17	♂#♆	
	04 33	☽☍☉	B
	04 45	☽∠♅	b
	05 25	♂☍♆	
	06 53	☉⚼♅	
	07 14	☿♎	
	09 40	☿±♅	
	13 43	♀♎	
	14 01	☽∥♆	D
	14 38	☽#♂	B
	16 58	♀±♅	
	22 32	☽♈	
	23 34	☽☍♀	B
15	01 08	☽☍☿	B
Su	05 34	☽#☉	G
	10 55	☽⊻♅	g
	19 02	☽#♀	G
	20 22	☽∥☿	G
16	00 24	☽#☿	G
Mo	00 26	☽∥♀	G
	00 35	☿#♀	
	02 29	☽□♄	B
	07 29	☽△♃	G
	08 57	☽⊻♆	g
	11 53	☽∥☉	G
	16 03	☽□♇	B
	21 54	☿Q♃	
17	01 49	☽∥♂	B

Day	Time	Aspect	
Tu	05 54	☽♯♆	D
	10 31	☽♉	
	13 33	☽⚼♃	b
	14 41	☽∠♆	b
	19 23	☽⚼♂	b
	20 57	☿∇♅	
	22 31	☽☌♅	B
18 We	01 54	☉♯☿	
	06 19	☽⚼☉	b
	06 57	♀Q♃	
	08 47	♄ Stat	
	13 52	☽△♄	G
	20 02	☽✱♆	G
	21 15	☽∥♅	B
19 Th	02 19	☽△♂	G
	02 59	☽⚼♀	b
	03 02	☽△♇	G
	08 34	☽⚼☿	b
	10 27	♀∇♅	
	13 57	☽△☉	G
	15 53	♂△♇	
	16 35	☉♯♀	
	18 53	☽⚼♄	b
	20 58	☽♊	
20 Fr	04 36	♂⚼♅	
	07 46	☽⚼♇	b
	08 24	☽⊻♅	g
	10 50	☽△♀	G
	17 24	☽△☿	G
21 Sa	01 27	☿♯♂	
	04 54	☽☍♃	B
	05 02	☽□♆	B
	11 32	♃∥♄	
	12 22	☽∠♅	b
	14 05	☽□♂	B
	16 44	♃□♆	
22 Su	02 41	☽□☉	B
	04 50	☽♋	
	09 16	☽♯♇	D
	13 53	☽♯♄	B
	14 25	☽♯♃	G
	15 31	☽✱♅	G
	16 19	☿□♄	
	23 30	☽□♀	B
23 Mo	05 39	☽☍♄	B
	06 02	☉±♅	
	07 23	☽□☿	B
	07 50	☉♎	
	10 56	☽△♆	G
	12 38	☽♯♃	G
	13 37	☽♯♄	B
	14 12	☿∥♆	
	17 21	☽☍♇	B
	18 01	☽♯♇	D
	21 25	♀♯♂	
	22 05	☽✱♂	G
24 Tu	09 19	☽☊	
	11 13	☽✱☉	G
	12 34	☽⚼♆	b
	13 16	☽⚼♃	b
	13 57	☿∇♆	
	19 12	☽□♅	B
	21 01	☿✱♃	
25 We	00 36	☽∠♂	b
	07 35	☽✱♀	G
	13 55	☽∠☉	b
	14 21	☽△♃	G
	16 14	☽✱☿	G
	19 20	♀□♄	

Day	Time	Aspect	
26 Th	02 15	☽⊻♂	g
	08 57	☽⚼♄	b
	10 10	☽∠♀	b
	10 37	☽♍	
	15 50	☽⊻☉	g
	19 09	☽∠☿	b
	19 37	☽⚼♇	b
	19 54	☽△♅	G
	20 13	☽∥♅	B
	23 52	☿□♇	
27 Fr	08 50	☽△♄	G
	12 08	☽⊻♀	g
	13 21	☽☍♆	B
	14 45	☽□♃	B
	14 53	☽♯☿	G
	19 20	☽△♇	G
	19 33	☽⚼♅	b
	21 29	☽⊻☿	g
28 Sa	02 50	♀∇♆	
	02 52	☽♯♆	D
	03 58	☽☌♂	B
	04 45	☽♯♀	G
	10 03	☽♎	
	10 26	☿±♆	
	18 26	☽☌☉	D
	19 01	☽∥♂	B
	19 38	☽♯☉	G
	23 41	♀✱♃	
29 Su	00 53	☉♯♂	
	02 44	♀∥♆	
	04 14	☉∇♅	
	08 08	☽□♄	B
	09 53	☉Q♃	
	13 02	☽♯♂	B
	14 27	☽✱♃	G
	14 29	☽∥☉	G
	15 38	☽☌♀	G
	18 40	☽□♇	B
30 Mo	02 06	☽☌☿	G
	05 36	☽⊻♂	g
	06 21	☽∥♆	D
	09 02	☽∥♀	G
	09 42	☽♏	
	12 33	☽⚼♆	b
	14 46	☽∠♃	b
	18 56	☽☍♅	B
	21 48	☽⊻☉	g

OCTOBER

Day	Time	Aspect	
1 Tu	04 18	♀□♇	
	05 53	☽∥☿	G
	07 13	☽∠♂	b
	08 43	☽✱♄	G
	13 12	☽△♆	G
	13 45	☽♯♅	B
	15 46	☽⊻♃	g
	19 45	☽✱♇	G
	21 14	☽⊻♀	g
2 We	00 40	☽∠☉	b
	09 23	☽⊻☿	g
	09 46	☽✱♂	G
	10 08	☽∠♄	b
	11 44	☽♐	
	15 45	☿⊻♂	
	20 21	♀±♆	
	21 33	☽∠♇	b
3 Th	01 41	☽∠♀	b
	04 42	☽✱☉	G
	06 40	♇ Stat	

Day	Time	Aspect	
	08 14	☿♏	
	12 34	☽⊻♄	g
	12 50	♂±♅	
	14 54	☽∠☿	b
	17 01	☿♯♅	
	17 14	☽□♆	B
	20 40	☽☌♃	G
4 Fr	00 17	☽⚼♅	b
	00 24	☽⊻♇	g
	04 22	♂♎	
	07 34	☽✱♀	G
	12 33	☿⚼♆	
	17 43	☽♑	
	18 26	☽□♂	B
	20 06	☽∥♇	D
	20 32	☿Q♄	
	21 52	☽✱☿	G
	23 34	☽∥♄	B
5 Sa	04 08	☽△♅	G
	07 21	☽∥♃	G
	16 47	☽□☉	B
	20 39	☽●♄	B
6 Su	00 08	☽∥♃	G
	01 26	☽✱♆	G
	03 24	☿∠♃	
	05 55	☽⊻♃	g
	08 49	☽∥♄	B
	09 15	☽☌♇	D
	12 19	☽∥♇	D
	23 25	☽□♀	B
7 Mo	03 42	☽♒	
	06 17	☿☍♅	
	06 53	☽∠♆	b
	07 43	☽△♂	G
	11 54	☽∠♃	b
	14 32	☽□♅	B
	15 36	☽□☿	B
	19 07	☉□♄	
8 Tu	08 12	☽⊻♄	g
	09 20	☽△☉	G
	12 54	☽⊻♆	g
	15 32	☽⚼♂	b
	17 06	♀♏	
	18 27	☽✱♃	G
	21 08	☽⊻♇	g
9 We	07 45	☽∥☿	G
	13 44	☉∥♆	
	14 38	☽∠♄	b
	15 51	☿Q♇	
	16 05	☽♓	
	18 27	☽⚼☉	b
	18 47	☽△♀	G
	22 49	♀⚼♆	
10 Th	02 55	☽✱♅	G
	03 24	☉∇♆	
	03 32	☽∠♇	b
	05 38	☽♯♅	B
	11 49	☽△☿	G
	12 27	☽∥♀	G
	13 47	♀Q♄	
	21 08	☽✱♄	G
11 Fr	00 35	☿⊥♂	
	01 34	☽☌♆	D
	04 45	☽⚼♀	b
	08 02	☽□♃	B
	09 12	☽∠♅	b
	09 55	☽✱♇	G
	14 54	☽∥☉	G
	19 00	☽∥♆	D

Day	Time	Aspect	
	21 47	☽⚼☿	b
12 Sa	04 46	☽♈	
	08 00	♂∇♅	
	15 17	☽⊻♅	g
	15 43	☽☍♂	B
	16 16	♀∠♃	
	20 57	☽∥♂	B
	21 17	♀♯♅	
	22 07	♀☍♅	
13 Su	09 36	☽□♄	B
	11 56	☽♯♂	B
	13 39	☽⊻♆	g
	14 17	♀⊻♂	
	18 02	☉✱♃	
	20 55	☽△♃	G
	21 08	☽☍☉	B
	21 59	☽□♇	B
14 Mo	00 44	☿⊥♃	
	05 26	♃⚼♅	
	06 56	☿✱♄	
	07 38	☉□♇	
	12 46	☽♯♆	D
	16 24	☽♉	
	19 12	☽∠♆	b
	23 18	☽♯☉	G
15 Tu	02 29	☽☌♅	B
	02 50	☽⚼♃	b
	08 33	☽☍♀	B
	16 33	♀Q♇	
	20 44	☽△♄	G
	22 45	☿△♆	
16 We	00 04	☽∥♅	B
	00 23	☽✱♆	G
	00 33	☽☍☿	B
	01 48	☉±♆	
	08 37	☽△♇	G
	09 41	☽♯♀	G
	13 03	☽⚼♂	b
17 Th	01 42	☽⚼♄	b
	02 30	☽♊	
	05 45	♃⊻♇	
	12 07	☽⊻♅	g
	13 19	☽⚼♇	b
	18 39	♂Q♃	
	19 11	☽△♂	G
	19 51	☽⚼☉	b
18 Fr	04 28	☽♯☿	G
	09 25	☽□♆	B
	16 13	☽∠♅	b
	17 58	☽☍♃	B
19 Sa	02 14	☽△☉	G
	07 20	☽⚼♀	b
	09 50	☽♯♇	D
	10 43	☽♋	
	11 36	☽♯♄	B
	19 47	☽✱♅	G
	21 02	☽⚼☿	b
	22 21	☿✱♇	
20 Su	03 45	☽♯♃	G
	05 35	☽□♂	B
	11 23	☿⊻♃	
	11 59	☽♯♃	G
	13 26	☽△♀	G
	13 29	☽☍♄	B
	13 58	♀✱♄	
	16 17	☽△♆	G
21 Mo	00 07	☽☍♇	B
	01 18	♀⊥♃	
	02 06	☽△☿	G

Day	Time	Aspect	
	04 24	☽♯♄	B
	05 57	☽♯♇	D
	12 39	☽□☉	B
	16 29	☽☊	
	18 44	☽⚼♆	b
	19 40	♀△♆	
	21 41	☽♯☿	G
22 Tu	00 56	☽□♅	B
	03 49	☽⚼♃	b
	12 58	☽✱♂	G
	22 54	☽□♀	B
23 We	05 41	☽△♃	G
	07 00	☽♯♀	G
	09 14	☽□☿	B
	15 28	☽∠♂	b
	16 10	♀⊥♂	
	17 20	☉♏	
	19 22	☽⚼♄	b
	19 30	☽♍	
	19 39	☽✱☉	G
24 Th	03 24	☽△♅	G
	04 58	☽⚼♇	b
	07 58	☽∥♅	B
	12 16	☽♯☉	G
	17 18	☽⊻♂	g
	20 05	☽△♄	G
	22 03	☽∠☉	b
	22 07	☽☍♆	B
	23 03	☉⚼♆	
25 Fr	03 48	☽⚼♅	b
	05 02	☽✱♀	G
	05 26	☽△♇	G
	07 37	☽□♃	B
	09 52	♀✱♇	
	12 23	☽♯♆	D
	13 00	☽✱☿	G
	19 33	☽♯♂	B
	20 20	☽♎	
	23 58	☽⊻☉	g
26 Sa	07 21	☽∠♀	b
	14 06	☽∠☿	b
	16 47	♀⊻♃	
	19 48	☽☌♂	B
	20 01	☉Q♄	
	20 32	☽□♄	B
	23 01	☉♯♅	
27 Su	05 38	☽□♇	B
	08 22	☽✱♃	G
	09 34	☽⊻♀	g
	12 34	☽∥♂	B
	14 31	♂□♄	
	15 03	☽⊻☿	g
	17 57	☽∥♆	D
	20 29	☽♏	
	22 24	☽⚼♆	b
28 Mo	03 38	☽☌☉	D
	03 58	☽☍♅	B
	08 15	☉☍♅	
	08 29	☿∥♇	
	08 55	☽∠♃	b
	21 19	☽✱♄	G
	22 00	☽♯♅	B
	22 37	☽⊻♂	g
	22 52	☽△♆	G
29 Tu	01 43	☽∥☉	G
	03 57	♂∇♆	
	06 32	☽✱♇	G
	09 58	☽⊻♃	g
	15 14	☽☌♀	G

	17 34	☽☌☿	G
	21 58	☽♐	
	22 28	☽∠♄	b
30 We	00 55	☽∠♂	b
	07 53	☽∠♇	b
	09 19	☽⊻☉	g
	14 00	☿∥♇	
	18 27	☽∥♀	G
	22 05	☿☌♀	
31 Th	00 28	☽⊻♄	g
	01 49	☽□♆	B
	04 10	☽⚹♂	G
	07 44	☽⚼♅	b
	10 07	☽⊻♇	g
	13 42	☽∠☉	b
	14 29	☽☌♃	G
	15 40	☿Stat	
	21 53	☽∥☿	G
	22 20	☽⊻☿	g
	23 58	☽∥♇	D
NOVEMBER			
1 Fr	00 26	☽∥♄	B
	00 47	☽⊻♀	g
	02 38	☽♑	
	02 40	☉∠♃	
	10 46	☽△♅	G
	13 58	☉Q♇	
	14 10	♂∥♆	
	19 21	☽⚹☉	G
	20 25	♀♐	
2 Sa	01 46	☽∠☿	b
	06 26	♀∠♄	
	07 29	☽●♄	B
	07 35	☽∠♀	b
	08 35	☽⚹♆	G
	14 11	☽□♂	B
	17 39	☽☌♇	D
	23 10	☽⊻♃	g
3 Su	01 42	☽∥♄	B
	01 58	☽∥♇	D
	05 46	☽⚹☿	G
	11 19	☽♒	
	12 38	☽∥☿	G
	13 27	☽∠♆	b
	15 42	☽⚹♀	G
	19 50	☽□♅	B
	21 12	☽∥♀	G
4 Mo	04 59	☽∠♃	b
	10 23	☽□☉	B
	16 37	☿⊥♂	
	18 21	☽⊻♄	g
	18 42	☿∥♀	
	19 06	☽⊻♆	g
5 Tu	04 28	☽△♂	G
	04 47	☽⊻♇	g
	07 09	♀⚻♅	
	10 10	♄∥♇	
	10 28	♂□♇	
	11 29	☽⚹♃	G
	14 37	☽□☿	B
	18 47	☽∥☉	G
	23 08	☽♓	
6 We	00 44	☽∠♄	b
	07 43	☽⚹♅	G
	10 41	☽□♀	B
	11 07	☽∠♇	b
	12 31	☽⚼♂	b
	14 50	♀∠♇	
	16 06	☽#♅	B
7 Th	00 48	☿⊻♃	
	04 19	♂±♆	
	04 25	☽△☉	G
	07 18	☽⚹♄	G
	07 38	☽☌♆	D
	14 00	☽∠♅	b
	17 33	☽⚹♇	G
	17 40	☽∥♂	B
	21 32	♀∠♂	
	22 52	☽△☿	G
8 Fr	01 13	☽□♃	B
	01 52	☽∥♆	D
	11 49	☽♈	
	12 38	☿⊻♂	
	13 30	☽⚼☉	b
	17 06	☉⚹♄	
	17 56	☉△♆	
	18 08	♀∥♄	
	20 07	☽⊻♅	g
	20 11	♀∥♇	
9 Sa	02 20	☽⚼☿	b
	02 45	♄⚹♆	
	06 15	☽△♀	G
	19 48	☽⊻♆	g
	19 55	☽□♄	B
	23 21	♀⊥♄	
	23 28	♀±♅	
10 Su	02 09	☿⚹♇	
	05 37	☽□♇	B
	11 58	☽☍♂	B
	14 00	☽△♃	G
	15 19	☽⚼♀	b
	20 40	☽#♆	D
	23 18	☽♉	
11 Mo	01 15	☽∠♆	b
	07 01	☿⊥♃	
	07 10	☽☌♅	B
	09 16	☽#♂	B
	14 51	☉∥☿	
	15 22	☉☌☿	
	19 39	☽⚼♃	b
12 Tu	04 22	☽∥♅	B
	06 11	☽⚹♆	G
	06 44	☽△♄	G
	07 25	☉⊥♃	
	09 51	☽☍☿	B
	13 34	☽☍☉	B
	15 00	♀∥♃	
	15 48	☽△♇	G
	18 21	♂⚹♃	
13 We	04 37	☽#☿	G
	08 46	☽♊	
	11 20	☽⚼♄	b
	14 35	☿⚹♄	
	15 59	☽#☉	G
	16 11	☽⊻♅	g
	18 00	☉⚹♇	
	20 07	☽⚼♇	b
	22 34	☿△♆	
	23 24	♀⊥♇	
14 Th	06 36	☽⚼♂	b
	08 09	☿⊻♀	
	14 16	☽☍♀	B
	14 32	☽□♆	B
	17 06	♀□♆	
	19 57	☽∠♅	b
15 Fr	03 32	♀⊻♄	
	09 24	☽☍♃	B
	10 33	☽#♄	B
	11 38	☽#♇	D
	11 40	☽△♂	G
	14 43	☽⚼☿	b
	16 15	☽♋	
	23 16	☽⚹♅	G
16 Sa	07 55	☽⚼☉	b
	16 08	☽△☿	G
	21 02	☽△♆	G
	22 18	☽☍♄	B
17 Su	00 14	♀⚼♅	
	01 56	☿⊥♀	
	06 15	☽☍♇	B
	12 53	☽△☉	G
	15 49	☽#♇	D
	17 08	☽#♄	B
	20 14	☽□♂	B
	21 57	☽♌	
	23 38	☽⚼♆	b
18 Mo	04 35	☽□♅	B
	07 30	☽⚼♀	b
	18 52	☽⚼♃	b
	18 53	☽□☿	B
	19 28	☿∠♃	
	21 25	♀⊻♇	
	23 24	☽#☉	G
19 Tu	07 40	♂♏	
	12 05	☽△♀	G
	19 54	☉⊻♃	
	21 06	☽△♃	G
	21 11	☽□☉	B
20 We	01 54	☽♍	
	02 48	☽⚹♂	G
	05 14	☽⚼♄	b
	08 12	☽△♅	G
	12 26	☽⚼♇	b
	12 57	☽#☿	G
	17 32	☽∥♅	B
	17 57	♂⚼♆	
	19 12	☿Stat	
	21 32	☽⚹☿	G
	22 49	☽#♂	B
21 Th	04 51	☽☍♆	B
	05 23	☽∠♂	b
	06 43	☽△♄	G
	09 25	☽⚼♅	b
	13 42	☽△♇	G
	19 39	☽□♀	B
	20 21	☽#♆	D
	22 51	☽∠☿	b
22 Fr	00 25	☽□♃	B
	03 31	☽⚹☉	G
	04 20	☽♎	
	07 36	☽⊻♂	g
	14 59	☉♐	
23 Sa	00 14	☽⊻☿	g
	06 14	☽∠☉	b
	08 53	☽□♄	B
	15 32	☽□♇	B
	22 51	☿∠♀	
24 Su	02 00	☽⚹♀	G
	02 49	☽⚹♃	G
	04 03	☽∥♆	D
	05 58	☽♏	
	07 31	☽⚼♆	b
	08 54	☽⊻☉	g
	11 36	☽☌♂	B
	11 51	☽☍♅	B
	13 33	♀☌♃	
	16 51	♂☍♅	
	23 53	☉∠♄	
25 Mo	03 50	☽☌☿	G
	04 07	☽∠♃	b
	05 15	☽∠♀	b
	06 12	☽∥♂	B
	06 18	☽#♅	B
	08 25	♂#♅	
	08 27	☽△♆	G
	10 59	☽⚹♄	G
	12 12	☿∠♃	
	12 46	☽∥☿	G
	17 30	☽⚹♇	G
26 Tu	00 28	♀♑	
	02 00	☉⚻♅	
	05 44	☽⊻♃	g
	08 11	☽♐	
	08 56	☽⊻♀	g
	12 31	☽∠♄	b
	15 06	☽☌☉	D
	16 28	☽⊻♂	g
	19 01	☽∠♇	b
27 We	09 57	☽⊻☿	g
	11 37	☽□♆	B
	12 31	♆Stat	
	14 38	☽⊻♄	g
	16 02	☽⚼♅	b
	16 06	☽∥☉	G
	19 50	☽∠♂	b
	21 11	☽⊻♇	g
	22 27	♂Q♄	
28 Th	04 28	☽∥♄	B
	06 59	☽∥♇	D
	09 51	☿△♆	
	10 50	☽●♃	G
	12 33	☽♑	
	14 34	☽∠☿	b
	18 27	♀△♅	
	18 41	☽△♅	G
	18 43	☽☌♀	G
	19 21	☉⊻♂	
	22 44	☉∠♇	
29 Fr	00 06	☽⚹♂	G
	00 14	☽⊻☉	g
	04 30	♀Q♆	
	17 39	☽⚹♆	G
	20 30	☽⚹☿	G
	21 17	☽●♄	B
30 Sa	03 57	☽☌♇	D
	06 13	☿⚹♄	
	06 24	☽∠☉	b
	15 11	☽∥♇	D
	18 14	☽∥♄	B
	19 23	☽⊻♃	g
	20 13	☽♒	
	22 00	☽∠♆	b
DECEMBER			
1 Su	00 16	☽∥☉	G
	02 38	☽□♅	B
	09 01	☽⊻♀	g
	11 43	☽□♂	B
	13 43	☽⚹☉	G
	19 45	☉±♅	
2 Mo	01 03	☽∠♃	b
	03 12	☽⊻♆	g
	07 30	☽⊻♄	g
	12 27	☽□☿	B
	14 12	☽⊻♇	g
	17 51	☽∠♀	b
	18 20	♃♑	
3 Tu	01 24	☽∥☿	G
	05 23	☿⚹♇	
	07 11	☽♓	
	07 25	☽⚹♃	G
	13 41	☽∠♄	b
	13 43	☽⚹♅	G
	14 32	☉∥♄	
	15 08	☽∥♂	B
	15 47	♀⚹♂	
	17 55	♂Q♇	
	20 18	☽∠♇	b
4 We	02 51	☽△♂	G
	03 00	☽#♅	B
	03 26	☽⚹♀	G
	06 58	☽□☉	B
	15 19	☽☌♆	D
	19 56	☽∠♅	b
	20 12	☉⊥♄	
	20 14	☽⚹♄	G
5 Th	02 41	☽⚹♇	G
	03 57	☉∥♇	
	08 15	☽△☿	G
	10 27	☽∥♆	D
	10 58	☽⚼♂	b
	13 54	☿⊥♃	
	19 44	☽♈	
	21 09	☽□♃	B
6 Fr	02 10	☽⊻♅	g
	18 23	☽⚼☿	b
	22 57	☽□♀	B
7 Sa	01 04	☽△☉	G
	03 45	☽⊻♆	g
	09 05	☽□♄	B
	15 01	☽□♇	B
8 Su	01 32	☉⊥♇	
	05 22	☽#♆	D
	07 29	☽♉	
	09 00	☉□♆	
	09 22	☽∠♆	b
	09 24	☽⚼☉	b
	09 58	☽△♃	G
	13 34	☽☌♅	B
	21 48	♀⚹♆	
9 Mo	09 10	☽☍♂	B
	09 42	☿♐	
	11 11	☽∥♅	B
	14 20	☽⚹♆	G
	15 26	☽⚼♃	b
	16 07	☽△♀	G
	19 54	☽△♄	G
10 Tu	01 13	☽△♇	G
	07 11	☽#♂	B
	10 50	☉⚼♅	
	14 58	☿⊻♃	
	16 47	☽♊	
	20 43	☽☍☿	B
	22 28	☽⊻♅	g
	23 18	☽⚼♀	b
11 We	00 15	☽⚼♄	b
	05 16	☽⚼♇	b
	08 26	☉⊻♀	
	10 05	♀☌♄	
	10 29	☉⊻♄	
	11 54	☿⚻♅	
	13 55	☽#☿	G
	22 11	☽□♆	B
12	01 53	☽∠♅	b

Th	05 12	☽☍☉	B	16	00 53	☉∥♃			13 38	♀∥♄			01 01	☽⚺♃	g		05 21	☽♒	
	06 07	☿∠♄		Mo	10 46	☽□♂	B		14 22	☽⚹☿	G		02 08	☽∠♄	b		07 37	☽∠♆	b
	12 37	☽#♄	B		11 00	☽⚼♃	b		18 14	♃Q♆			03 08	☿⚺♇			09 36	☽∥♄	B
	16 58	☽#♇	D		17 38	♂∠♃			20 08	☽□♄	B		05 02	☽∠♇	b		10 32	☽□♅	B
	23 23	☽♋			22 10	☽△☉	G		21 33	☽⚺♂	g		05 51	♀⚺♃			13 41	♀⊥♆	
13	00 36	☽⚼♂	b		22 47	☽#♂	B		23 24	☽□♇	B		18 32	♀Q♂			16 37	☽⚺♃	g
Fr	03 33	☽☍♃	B	17	07 16	☽♍		21	03 51	♀∠♆			20 24	☽∥♀	G		18 09	☽⚺☉	g
	04 43	☽⚹♅	G	Tu	10 01	☿∥♄		Sa	07 59	☿⚼♅			20 56	☽□♆	B	29	02 07	☽•♀	G
	11 55	♂△♆			12 12	☽△♅	G		11 00	☽∥♆	D		21 44	☉△♅		Su	04 55	☿♑	
	12 46	☽#☉	G		12 56	☽△♃	G		11 45	☽⚹☉	G		23 50	☽⚼♅	b		10 57	☽∠☿	b
	15 16	♀☌♇			15 20	☽⚼♄	b		12 57	☽♏		25	04 53	☽⚺♄	g		11 49	☽∥♀	G
14	01 10	☿∠♇			19 02	☽⚼♇	b		14 49	☽⚼♆	b	We	05 46	☽∠♀	b		12 34	☽⚺♆	g
Sa	02 56	☽#☉	G	18	00 46	☽∥♅	B		15 51	☽□♀	B		05 53	☿⚺♂			12 45	☽∥♂	B
	03 27	☉⚺♇		We	04 19	☽⚼♀	b		17 47	☽☍♅	B		07 40	☽⚺♇	g		17 24	♀∥♂	
	03 37	☽△♆	G		05 29	☽□☿	B		18 59	☽∠☿	b		08 29	☽∥♄	B		22 13	☽⚺♄	g
	04 25	☽△♂	G		10 29	☽☍♆	B		20 21	☽⚹♃	G		10 56	☽⚺♂	g		22 18	☽∠♃	b
	05 41	♀∥♃			13 14	☿∥♇		22	04 09	☿∥♃			11 18	☽☌☿	G		22 53	☉∥♃	
	09 32	☽☍♄	B		13 35	☽⚼♅	b	Su	04 19	☉♑			14 38	☽∥♇	D	30	00 31	☽⚺♇	g
	13 47	☽☍♇	B		16 14	☽⚹♂	G		13 08	☽#♅	B		21 45	☽♑		Mo	01 57	☽∠☉	b
	15 17	☽⚼☿	b		16 56	☽△♄	G		13 30	♀□♅		26	02 45	☽△♅	G		06 05	♀⊥♃	
	15 38	☉∥♀			17 36	☿⊥♄			14 32	♂⚹♇		Th	05 13	☽•●	D		10 24	☽□♂	B
	15 57	☽☍♀	B		17 36	☿∥♀			15 26	☽∠☉	b		06 21	☉Q♆			15 41	☽♓	
15	00 37	☽#♇	D		20 29	☽△♇	G		16 32	☽△♆	G		07 29	☽☌♃	G		20 52	☽⚹☿	G
Su	03 56	☽☊			23 14	♀∥♇			22 14	☉∥☿			11 39	☽⚺♀	g		21 04	☽⚹♅	G
	05 12	☽#♄	B	19	02 43	☽#♆	D		22 31	☽∠♃	b		15 36	☽∠♂	b		22 22	☿△♅	
	05 41	☽⚼♆	b	Th	04 57	☽□☉	B		23 24	☿⚺♄			19 02	☽∥♃	G	31	04 15	☽∠♄	b
	09 02	☽□♅	B		08 07	☽△♀	G		23 51	☽⚹♄	G		21 32	☽∥♃	G	Tu	04 37	☽⚹♃	G
	11 22	☿±♅			10 00	♂⚹♄			23 54	☽⚺☿	g	27	03 23	☽⚹♆	G		06 22	☽∠♇	b
	12 49	☽#☿	G		10 04	☽♎		23	02 52	☽⚹♇	G	Fr	12 08	☽☌♄	B		10 32	☽⚹☉	G
	18 32	☽⚼☉	b		16 34	☽□♃	B	Mo	03 27	☽☌♂	B		14 42	☽☌♇	D		12 43	☽#♅	B
	19 01	♃△♅			18 52	☽∠♂	b		16 34	☽♐			18 25	☉☌♃			20 07	☽⚺♀	g
	20 18	☽△☿	G	20	03 14	☿⊥♇			19 28	☽⚺☉	g		21 03	☽⚹♂	G		22 10	☿Q♆	
	21 12	☉⊥♂		Fr	04 19	☿□♆		24	00 11	☽∥♂	B	28	02 02	☽⚺☿	g				
	22 29	☿∠♀			06 41	♀♒		Tu	00 38	☽⚹♀	G	Sa	02 35	☽∥♇	D				

Longitudes of Chiron, 4 larger asteroids and the Black Moon Lilith 2019

		Chiron ⚷	Ceres ⚳	Pallas ⚴	Juno ⚵	Vesta ⚶	Black Moon Lilith ⚸
JANUARY	01	28 ♓ 09	21 ♏ 12	21 ♎ 40	20 ♉ 39	14 ♒ 42	16 ♒ 25
	11	28 ♓ 24	24 ♏ 58	24 ♎ 22	21 ♉ 51	19 ♒ 37	17 ♒ 32
	21	28 ♓ 44	28 ♏ 33	26 ♎ 35	23 ♉ 52	24 ♒ 34	18 ♒ 38
	31	29 ♓ 08	01 ♐ 53	28 ♎ 14	26 ♉ 32	29 ♒ 31	19 ♒ 45
FEBRUARY	01	29 ♓ 11	02 ♐ 12	28 ♎ 22	26 ♉ 50	00 ♓ 01	19 ♒ 51
	11	29 ♓ 39	05 ♐ 14	29 ♎ 17	00 ♊ 07	04 ♓ 59	20 ♒ 58
	21	00 ♈ 10	07 ♐ 55	29 ♎ 27	03 ♊ 49	09 ♓ 56	22 ♒ 05
	31	00 ♈ 43	10 ♐ 13	28 ♎ 48	07 ♊ 51	14 ♓ 52	23 ♒ 11
MARCH	01	00 ♈ 36	09 ♐ 48	29 ♎ 00	07 ♊ 01	13 ♓ 53	22 ♒ 58
	11	01 ♈ 11	11 ♐ 44	27 ♎ 41	11 ♊ 17	18 ♓ 48	24 ♒ 05
	21	01 ♈ 46	13 ♐ 10	25 ♎ 34	15 ♊ 45	23 ♓ 40	25 ♒ 11
	31	02 ♈ 22	14 ♐ 02	22 ♎ 50	20 ♊ 22	28 ♓ 30	26 ♒ 18
APRIL	01	02 ♈ 25	14 ♐ 05	22 ♎ 32	20 ♊ 50	28 ♓ 58	26 ♒ 25
	11	03 ♈ 00	14 ♐ 15	19 ♎ 27	25 ♊ 34	03 ♈ 44	27 ♒ 31
	21	03 ♈ 33	13 ♐ 47	16 ♎ 26	00 ♋ 23	08 ♈ 26	28 ♒ 38
	31	04 ♈ 04	12 ♐ 40	13 ♎ 50	05 ♋ 15	13 ♈ 02	29 ♒ 45
MAY	01	04 ♈ 04	12 ♐ 40	13 ♎ 50	05 ♋ 15	13 ♈ 02	29 ♒ 45
	11	04 ♈ 33	11 ♐ 00	11 ♎ 53	10 ♋ 09	17 ♈ 34	00 ♓ 51
	21	04 ♈ 58	08 ♐ 58	10 ♎ 44	15 ♋ 03	21 ♈ 59	01 ♓ 58
	31	05 ♈ 19	06 ♐ 44	10 ♎ 23	19 ♋ 57	26 ♈ 17	03 ♓ 05
JUNE	01	05 ♈ 21	06 ♐ 31	10 ♎ 23	20 ♋ 27	26 ♈ 42	03 ♓ 12
	11	05 ♈ 37	04 ♐ 24	10 ♎ 51	25 ♋ 20	00 ♉ 51	04 ♓ 19
	21	05 ♈ 48	02 ♐ 37	11 ♎ 58	00 ♌ 11	04 ♉ 51	05 ♓ 25
	31	05 ♈ 55	01 ♐ 20	13 ♎ 40	05 ♌ 01	08 ♉ 40	06 ♓ 32
JULY	01	05 ♈ 55	01 ♐ 20	13 ♎ 40	05 ♌ 01	08 ♉ 40	06 ♓ 32
	11	05 ♈ 56	00 ♐ 38	15 ♎ 50	09 ♌ 48	12 ♉ 16	07 ♓ 39
	21	05 ♈ 52	00 ♐ 33	18 ♎ 24	14 ♌ 32	15 ♉ 37	08 ♓ 46
	31	05 ♈ 43	01 ♐ 04	21 ♎ 18	19 ♌ 13	18 ♉ 41	09 ♓ 53

Continued on inside back page

DISTANCES APART OF ALL ☌s AND ☍s IN 2019

Note: The Distances Apart are in Declination

JANUARY

1	22	26	☽☌♀	1	12
2	05	49	☉☌♄	0	29
3	08	23	☽☌♃	3	03
4	17	41	☽☌☿	2	46
5	18	32	☽☌♄	0	52
6	01	28	☽●●	1	02
6	12	12	☽☌♇	0	39
11	00	47	☽☌♆	2	43
11	11	38	☉☌♇	0	07
13	00	12	☽☌♂	4	35
13	13	31	☿☌♄	1	43
14	15	56	☽☌♅	4	28
17	19	54	☽☍♀	0	36
18	03	10	☽☍♃	2	53
18	20	03	☿☌♇	1	31
20	01	48	☽☍♄	0	45
20	14	01	☽☍♇	0	38
20	18	56	☽☍☿	1	59
21	05	16	☽●☍☉	0	22
22	12	26	♀☌♃	2	24
24	02	55	☽☍♆	2	44
26	08	56	☽☍♂	5	01
27	05	21	☽☍♅	4	28
30	02	52	☉☌☿	2	00
31	00	23	☽☌♃	2	43
31	17	35	☽●♀	0	05

FEBRUARY

2	06	57	☽●♄	0	37
2	20	14	☽☌♇	0	37
4	21	04	☽☌☉	1	38
5	07	11	☽☌☿	0	11
7	08	43	☽☌♆	2	44
10	20	48	☽☌♂	5	18
10	23	48	☽☌♅	4	25
13	06	21	♂☌♅	0	55
14	20	56	☽☍♃	2	29
16	14	23	☽☍♀	0	34
16	17	40	☽☍♄	0	27
17	02	39	☽☍♇	0	34
18	10	52	♀☌♄	1	05
19	06	37	☿☌♆	0	37
19	15	54	☽☍☉	2	45
20	15	22	☽☍♆	2	45
20	19	11	☽☍☿	3	47
23	03	53	♀☌♇	1	23
23	15	11	☽☍♅	4	23
24	03	12	☽☍♂	5	23
27	14	33	☽☌♃	2	18

MARCH

1	18	23	☽●♄	0	19
2	03	49	☽☌♇	0	31
2	22	03	☽☌♀	1	10
6	16	04	☽☌☉	3	37
6	16	47	☽☌♆	2	45
7	01	00	☉☌♆	0	53
7	19	08	☽☌☿	7	15
10	07	31	☽☌♅	4	17
11	15	26	☽☌♂	5	16
14	09	50	☽☍♃	2	03
15	01	48	☉☌☿	3	13
16	06	24	☽☍♄	0	06
16	12	53	☽☍♇	0	24
18	09	27	☽☍♀	1	50
20	04	13	☽☍♆	2	47
20	08	35	☽☍☿	6	13
21	01	43	☽☍☉	4	14
23	03	38	☽☍♅	4	15
24	17	28	☿☌♆	2	19
24	22	38	☽☍♂	5	01
27	02	37	☽☌♃	1	53
29	05	00	☽●♄	0	03
29	11	35	☽☌♇	0	18

APRIL

2	06	31	☽☌♀	2	22
2	09	36	☿☌♆	0	24
3	01	25	☽☌♆	2	50
3	01	58	☽☌☿	3	07
5	08	50	☽☌☉	4	35
6	16	09	☽☌♅	4	11
9	08	15	☽☌♂	4	32
10	06	13	♀☌♆	0	16
10	17	27	☽☍♃	1	43
12	15	05	☽☍♄	0	15
12	20	01	☽☍♇	0	10
16	15	09	☽☍♆	2	55
17	04	29	☽☍♀	2	48
17	11	51	☽☍☿	1	57
19	11	12	☽☍☉	4	39
19	16	35	☽☍♅	4	10
22	18	35	☽☍♂	3	59
22	23	07	☉☌♅	0	27
23	11	43	☽☌♃	1	38
25	14	33	☽●♄	0	22
25	19	48	☽☌♇	0	04
30	10	33	☽☌♆	3	01

MAY

2	14	39	☽☌♀	3	06
3	08	47	☽☌☿	2	31
4	02	15	☽☌♅	4	10
4	22	45	☽☌☉	4	24
5	21	57	♂☍♃	1	43
7	21	10	☽☍♃	1	37
7	23	50	☽☌♂	3	13
8	14	23	☿☌♅	1	12
9	20	44	☽☍♄	0	29
10	01	20	☽☍♇	0	01
13	23	14	☽☍♆	3	07
17	00	47	☽☍♀	3	10
17	04	04	☽☍♅	4	11
18	14	26	☽☍☿	3	53
18	16	17	♀☌♅	1	01
18	21	11	☽☍☉	3	53
20	17	05	☽☌♃	1	41
21	13	07	☉☌☿	0	20
21	14	35	☽☍♂	2	28
22	22	22	☽●♄	0	31
23	03	58	☽☌♇	0	04
27	19	39	☽☌♆	3	12
31	03	12	☿☍♃	2	18
31	13	26	☽☌♅	4	13

JUNE

1	19	55	☽☌♀	2	59
3	10	02	☽☌☉	2	59
3	23	35	☽☍♃	1	49
4	15	42	☽☌☿	3	40
5	14	48	☽☌♂	1	35
6	01	28	☽☍♄	0	30
6	07	00	☽☍♇	0	05
10	05	17	☽☍♆	3	16
10	15	28	☉☍♃	0	35
13	13	11	☽☍♅	4	15
14	15	50	♂☍♄	1	31
16	00	23	☽☍♀	2	30
16	14	00	☿☍♄	1	58
16	19	08	☽☌♃	1	58
17	08	31	☽☍☉	1	57
18	16	04	☿☌♂	0	13
19	03	53	☽●♄	0	26
19	10	22	☽☍♂	0	46
19	10	56	☿☍♇	0	54
19	11	17	☽☌♇	0	04
19	11	19	☽☍☿	0	50
20	03	26	♂☍♇	0	47
23	16	45	♀☍♃	0	04
24	03	55	☽☌♆	3	18
28	00	34	☽☌♅	4	16

JULY

1	03	06	☽☍♃	2	09
1	21	48	☽☌♀	1	38
2	19	16	☽●●	0	39
3	07	01	☽☍♄	0	20
3	14	25	☽☍♇	0	01
4	05	41	☽●♂	0	05
4	09	50	☽☌☿	3	09
7	11	11	☽☍♆	3	19
8	22	27	☿☌♂	3	58
9	17	07	☉☍♄	0	19
10	20	21	☽☍♅	4	16
13	20	11	☽☌♃	2	17
14	14	51	☉☍♇	0	25
16	04	42	☽☍♀	0	38
16	07	18	☽●♄	0	13
16	17	16	☽☌♇	0	02
16	21	38	☽●☍☉	0	35
17	05	34	♀☍♄	0	46
17	11	39	☽☍☿	5	45
18	05	50	☽☍♂	0	50
21	08	32	♀☍♇	0	11
21	10	46	☽☌♆	3	17
21	12	34	☉☌☿	4	52
25	00	26	☿☌♀	5	30
25	10	17	☽☌♅	4	14
28	09	08	☽☍♃	2	23
30	13	57	☽☍♄	0	07
30	23	27	☽☍♇	0	05
31	03	32	☽☌☿	4	27
31	20	51	☽☌♀	0	34

AUGUST

1	03	12	☽☌☉	1	49
1	20	48	☽☌♂	1	33
3	18	30	☽☍♆	3	15
7	02	55	☽☍♅	4	12
9	23	25	☽☌♃	2	25
12	09	53	☽●♄	0	02
12	22	11	☽☌♇	0	07
13	20	33	☽☍☿	1	43
14	06	07	☉☌♀	1	12
15	12	29	☽☍☉	2	49
15	13	16	☽☍♀	1	38
16	01	02	☽☍♂	2	09
17	16	08	☽☌♆	3	11
21	17	33	☽☌♅	4	07
24	17	05	♀☌♂	0	16
24	17	53	☽☍♃	2	21
26	21	45	☽☍♄	0	01
27	08	55	☽☍♇	0	06
30	02	22	☽☌☿	1	44
30	10	37	☽☌☉	3	39
30	12	15	☽☌♂	2	42
30	18	13	☽☌♀	2	34
31	03	35	☽☍♆	3	09

SEPTEMBER

2	10	42	☉☌♂	1	00
3	10	18	☽☍♅	4	03
3	15	40	☿☌♂	0	36
4	01	40	☉☌☿	1	35
4	11	26	♀☍♆	0	19
6	07	20	☽☌♃	2	15
7	07	18	☿☍♆	0	27
8	13	42	☽●♄	0	02
9	03	03	☽☌♇	0	05
10	07	24	☉☍♆	0	58
13	15	11	☿☌♀	0	16
13	20	12	☽☍♂	3	07
13	20	43	☽☌♆	3	07
14	04	33	☽☍☉	4	13
14	05	25	♂☍♆	0	01
14	23	34	☽☍♀	3	16
15	01	08	☽☍☿	3	40
17	22	31	☽☌♅	3	57
21	04	54	☽☍♃	2	02
23	05	39	☽☍♄	0	09
23	17	21	☽☍♇	0	02
27	13	21	☽☍♆	3	08
28	03	58	☽☌♂	3	28
28	18	26	☽☌☉	4	33
29	15	38	☽☌♀	3	44
30	02	06	☽☌☿	5	24
30	18	56	☽☍♅	3	54

OCTOBER

3	20	40	☽☌♃	1	51
5	20	39	☽●♄	0	15
6	09	15	☽☌♇	0	07
7	06	17	☿☍♅	2	08
11	01	34	☽☌♆	3	09
12	15	43	☽☍♂	3	42
12	22	07	♀☍♅	0	01
13	21	08	☽☍☉	4	35
15	02	29	☽☌♅	3	51
15	08	33	☽☍♀	3	52
16	00	33	☽☍☿	6	27
18	17	58	☽☍♃	1	33
20	13	29	☽☍♄	0	27
21	00	07	☽☍♇	0	15
24	22	07	☽☍♆	3	14
26	19	48	☽☌♂	3	51
28	03	38	☽☌☉	4	21
28	03	58	☽☍♅	3	52
28	08	15	☉☍♅	0	29
29	15	14	☽☌♀	3	38
29	17	34	☽☌☿	6	13
30	22	05	☿☌♀	2	30
31	14	29	☽☌♃	1	18

Note: The Distances Apart are in Declination

NOVEMBER				16	22 18	☽☍♄	0 47	30	03 57	☽☌♇	0 32	14	13 47	☽☍♇	0 35
				17	06 15	☽☍♇	0 28	DECEMBER				14	15 57	☽☍♀	0 26
2	07 29	☽•♄	0 35	21	04 51	☽☍♆	3 25					18	10 29	☽☍♆	3 33
2	17 39	☽☌♇	0 21	24	11 36	☽☌♂	3 48	4	15 19	☽☌♆	3 29	21	17 47	☽☍♅	4 03
7	07 38	☽☌♆	3 19	24	11 51	☽☍♅	3 57	8	13 34	☽☌♅	4 00	23	03 27	☽☌♂	3 15
10	11 58	☽☍♂	3 52	24	13 33	♀☌♃	1 24	9	09 10	☽☍♂	3 34	25	11 18	☽☌☿	1 56
11	07 10	☽☌♅	3 53	24	16 51	♂☍♅	0 09	10	20 43	☽☍☿	1 58	26	05 13	☽•●	0 24
11	15 22	☉☌☿	0 01	25	03 50	☽☌☿	1 43	11	10 05	♀☌♄	1 47	26	07 29	☽☌♃	0 11
12	09 51	☽☍☿	3 34	26	15 06	☽☌☉	2 54	12	05 12	☽☍☉	1 40	27	12 08	☽☌♄	1 11
12	13 34	☽☍☉	3 45	28	10 50	☽•♃	0 44	13	03 33	☽☍♃	0 26	27	14 42	☽☌♇	0 37
14	14 16	☽☍♀	2 54	28	18 43	☽☌♀	1 52	13	15 16	♀☌♇	1 07	27	18 25	☉☌♃	0 06
15	09 24	☽☍♃	0 59	29	21 17	☽•♄	0 55	14	09 32	☽☍♄	1 04	29	02 07	☽•♀	0 57

PHENOMENA IN 2019

d h JANUARY
2 00 ☿ ☋
3 05 ⊕ in perihelion
5 19 ☽ Max. Dec.21°S33′
6 01 ● Partial eclipse
6 05 ♀ Gt.Elong. 47 ° W.
9 05 ☽ in Apogee
12 08 ☿ in aphelion
13 08 ☽ Zero Dec.
15 05 ♂ ☊
19 23 ☽ Max. Dec.21°N33′
21 05 ☾ Total eclipse
21 20 ☽ in Perigee
26 00 ☽ Zero Dec.

FEBRUARY
2 01 ☽ Max. Dec.21°S33′
5 10 ☽ in Apogee
9 14 ☽ Zero Dec.
16 10 ☽ Max. Dec.21°N35′
19 09 ☽ in Perigee
20 16 ☿ ☊
22 09 ☽ Zero Dec.
25 08 ☿ in perihelion
27 01 ☿ Gt.Elong. 18 ° E.

MARCH
1 06 ☽ Max. Dec.21°S38′
4 12 ☽ in Apogee
8 19 ☽ Zero Dec.
14 09 ♀ ☋
15 18 ☽ Max. Dec.21°N46′
19 20 ☽ in Perigee
20 22 ☉ enters ♈,Equinox
21 20 ☽ Zero Dec.
28 13 ☽ Max. Dec.21°S52′
30 23 ☿ ☋

APRIL
1 00 ☽ in Apogee
5 01 ☽ Zero Dec.
10 08 ☿ in aphelion
11 20 ☿ Gt.Elong. 28 ° W.
12 00 ☽ Max. Dec.22°N01′
16 22 ☽ in Perigee
18 02 ♀ in aphelion
18 06 ☽ Zero Dec.
24 21 ☽ Max. Dec.22°S08′
28 18 ☽ in Apogee

d h MAY
2 09 ☽ Zero Dec.
9 06 ☽ Max. Dec.22°N15′
13 22 ☽ in Perigee
15 15 ☽ Zero Dec.
19 15 ☿ ☊
22 07 ☽ Max. Dec.22°S19′
24 07 ☿ in perihelion
26 13 ☽ in Apogee
29 18 ☽ Zero Dec.

JUNE
5 13 ☽ Max. Dec.22°N22′
7 23 ☽ in Perigee
11 21 ☽ Zero Dec.
18 15 ☽ Max. Dec.22°S23′
21 16 ☉ enters ♋,Solstice
23 08 ☽ in Apogee
23 23 ☿ Gt.Elong. 25 ° E.
26 03 ☽ Zero Dec.
26 22 ☿ ☋

JULY
2 19 ● Total eclipse
2 22 ☽ Max. Dec.22°N23′
4 23 ⊕ in aphelion
5 05 ☽ in Perigee
5 13 ♀ ☊
7 07 ☿ in aphelion
9 03 ☽ Zero Dec.
15 23 ☽ Max. Dec.22°S22′
16 22 ☾ Partial eclipse
21 00 ☽ in Apogee
23 11 ☽ Zero Dec.
30 08 ☽ Max. Dec.22°N23′

AUGUST
2 07 ☽ in Perigee
5 09 ☽ Zero Dec.
8 09 ♀ in perihelion
9 23 ☿ Gt.Elong. 19 ° W.
12 04 ☽ Max. Dec.22°S24′
15 15 ☿ ☊
17 11 ☽ in Apogee
19 17 ☽ Zero Dec.
20 07 ☿ in perihelion
26 01 ♂ in aphelion
26 18 ☽ Max. Dec.22°N28′
30 16 ☽ in Perigee

d h SEPTEMBER
1 18 ☽ Zero Dec.
8 10 ☽ Max. Dec.22°S32′
13 13 ☽ in Apogee
15 22 ☽ Zero Dec.
22 21 ☿ ☋
23 02 ☽ Max. Dec.22°N41′
23 08 ☉ enters ♎,Equinox
28 02 ☽ in Perigee
29 04 ☽ Zero Dec.

OCTOBER
3 06 ☿ in aphelion
5 16 ☽ Max. Dec.22°S47′
10 18 ☽ in Apogee
13 04 ☽ Zero Dec.
20 04 ☿ Gt.Elong. 25 ° E.
20 08 ☽ Max. Dec.22°N57′
25 02 ♀ ☋
26 11 ☽ in Perigee
26 15 ☽ Zero Dec.

NOVEMBER
2 01 ☽ Max. Dec.23°S03′
7 09 ☽ in Apogee
9 12 ☽ Zero Dec.
11 14 ☿ ☊
16 06 ☿ in perihelion
16 14 ☽ Max. Dec.23°N09′
23 00 ☽ Zero Dec.
23 08 ☽ in Perigee
28 11 ☿ Gt.Elong. 20 ° W.
28 18 ♀ in aphelion
29 11 ☽ Max. Dec.23°S12′

DECEMBER
5 04 ☽ in Apogee
6 20 ☽ Zero Dec.
13 21 ☽ Max. Dec.23°N14′
18 20 ☽ in Perigee
19 21 ☿ ☋
20 07 ☽ Zero Dec.
22 04 ☉ enters ♑,Solstice
26 05 ● Annular eclipse
26 20 ☽ Max. Dec.23°S14′
30 05 ☿ in aphelion

LOCAL MEAN TIME OF SUNRISE FOR LATITUDES 60° North to 50° South

FOR ALL SUNDAYS IN 2019. (ALL TIMES ARE A.M.)

Date	Northern Latitudes								Southern Latitudes						
	LONDON	60°	55°	50°	40°	30°	20°	10°	0°	10°	20°	30°	40°	50°
2018	H M	H M	H M	H M	H M	H M	H M	H M	H M	H M	H M	H M	H M	H M	H M
Dec.30	8 6	9 4	8 26	7 59	7 22	6 55	6 34	6 16	5 59	5 41	5 22	5 1	4 33	3 53
2019														
Jan. 6	8 5	9 0	8 24	7 58	7 22	6 57	6 36	6 19	6 2	5 45	5 27	5 6	4 39	4 0
,, 13	8 2	8 54	8 20	7 56	7 22	6 57	6 38	6 20	6 4	5 49	5 31	5 11	4 45	4 8
,, 20	7 56	8 42	8 12	7 49	7 18	6 56	6 38	6 22	6 7	5 53	5 37	5 18	4 54	4 20
,, 27	7 47	8 28	8 2	7 42	7 14	6 54	6 37	6 23	6 9	5 55	5 40	5 23	5 1	4 31
Feb. 3	7 36	8 12	7 50	7 32	7 8	6 50	6 35	6 22	6 10	5 58	5 45	5 30	5 11	4 44
,, 10	7 25	7 55	7 36	7 22	7 0	6 45	6 32	6 21	6 11	6 1	5 49	5 36	5 19	4 57
,, 17	7 12	7 36	7 20	7 9	6 52	6 39	6 29	6 20	6 11	6 2	5 52	5 41	5 27	5 8
,, 24	6 58	7 16	7 5	6 56	6 42	6 32	6 24	6 17	6 10	6 3	5 55	5 46	5 36	5 20
Mar. 3	6 42	6 56	6 48	6 42	6 32	6 25	6 19	6 14	6 9	6 3	5 58	5 51	5 43	5 32
,, 10	6 27	6 35	6 30	6 27	6 21	6 17	6 14	6 10	6 7	6 4	6 0	5 56	5 51	5 43
,, 17	6 12	6 14	6 13	6 12	6 10	6 9	6 8	6 6	6 5	6 5	6 3	6 1	5 59	5 55
,, 24	5 55	5 53	5 55	5 57	5 59	6 0	6 2	6 2	6 3	6 4	6 4	6 5	6 5	6 5
,, 31	5 40	5 32	5 37	5 41	5 48	5 52	5 56	5 58	6 1	6 4	6 6	6 9	6 13	6 18
Apr. 7	5 24	5 10	5 20	5 26	5 36	5 44	5 50	5 54	5 59	6 3	6 8	6 13	6 20	6 29
,, 14	5 8	4 50	5 2	5 12	5 26	5 36	5 44	5 51	5 57	6 4	6 10	6 17	6 26	6 38
,, 21	4 53	4 29	4 45	4 57	5 15	5 28	5 38	5 47	5 55	6 3	6 12	6 21	6 33	6 49
,, 28	4 40	4 9	4 28	4 44	5 5	5 21	5 33	5 44	5 54	6 4	6 15	6 26	6 41	7 0
May 5	4 26	3 50	4 14	4 31	4 57	5 15	5 29	5 42	5 53	6 5	6 17	6 31	6 48	7 11
,, 12	4 14	3 32	4 0	4 20	4 49	5 9	5 26	5 40	5 53	6 6	6 20	6 36	6 55	7 21
,, 19	4 3	3 16	3 47	4 10	4 42	5 5	5 23	5 38	5 53	6 7	6 22	6 39	7 1	7 30
,, 26	3 55	3 1	3 36	4 2	4 37	5 1	5 21	5 38	5 53	6 8	6 25	6 43	7 6	7 39
June 2	3 49	2 49	3 28	3 56	4 33	4 59	5 20	5 38	5 54	6 11	6 28	6 48	7 13	7 47
,, 9	3 44	2 41	3 23	3 52	4 31	4 58	5 20	5 38	5 55	6 12	6 30	6 50	7 16	7 52
,, 16	3 42	2 36	3 20	3 50	4 30	4 58	5 20	5 39	5 56	6 14	6 32	6 53	7 20	7 57
,, 23	3 43	2 36	3 20	3 51	4 31	4 59	5 22	5 40	5 58	6 15	6 34	6 55	7 22	8 0
,, 30	3 46	2 40	3 23	3 53	4 34	5 1	5 23	5 42	6 0	6 17	6 35	6 56	7 23	8 0
July 7	3 51	2 48	3 30	3 58	4 37	5 4	5 26	5 44	6 1	6 17	6 35	6 56	7 21	7 57
,, 14	3 58	2 59	3 38	4 5	4 42	5 8	5 28	5 46	6 2	6 17	6 35	6 54	7 19	7 53
,, 21	4 6	3 13	3 48	4 13	4 47	5 12	5 31	5 47	6 3	6 18	6 34	6 52	7 15	7 47
,, 28	4 16	3 28	4 0	4 22	4 53	5 16	5 33	5 49	6 3	6 17	6 32	6 48	7 9	7 38
Aug. 4	4 27	3 45	4 12	4 32	5 0	5 20	5 36	5 50	6 3	6 15	6 28	6 44	7 3	7 29
,, 11	4 38	4 2	4 24	4 42	5 6	5 24	5 38	5 50	6 2	6 13	6 25	6 38	6 55	7 17
,, 18	4 48	4 18	4 38	4 52	5 13	5 28	5 40	5 51	6 1	6 10	6 20	6 32	6 46	7 5
,, 25	5 0	4 35	4 50	5 3	5 20	5 32	5 42	5 51	5 59	6 7	6 15	6 24	6 36	6 52
Sep. 1	5 11	4 52	5 4	5 13	5 26	5 36	5 44	5 51	5 57	6 3	6 9	6 16	6 25	6 37
,, 8	5 23	5 8	5 18	5 24	5 33	5 40	5 46	5 50	5 55	5 58	6 3	6 8	6 14	6 22
,, 15	5 33	5 25	5 30	5 34	5 40	5 44	5 47	5 50	5 52	5 55	5 57	6 0	6 3	6 6
,, 22	5 44	5 41	5 43	5 44	5 46	5 48	5 49	5 49	5 50	5 50	5 50	5 50	5 51	5 50
,, 29	5 56	5 58	5 56	5 55	5 53	5 52	5 50	5 49	5 47	5 46	5 44	5 42	5 39	5 35
Oct. 6	6 7	6 15	6 10	6 6	6 0	5 56	5 52	5 48	5 45	5 42	5 39	5 35	5 29	5 22
,, 13	6 19	6 32	6 24	6 17	6 7	6 0	5 54	5 48	5 43	5 38	5 32	5 26	5 17	5 5
,, 20	6 31	6 49	6 37	6 28	6 14	6 4	5 56	5 49	5 42	5 34	5 26	5 17	5 6	4 50
,, 27	6 43	7 6	6 52	6 40	6 22	6 10	5 59	5 50	5 41	5 32	5 22	5 11	4 57	4 37
Nov. 3	6 56	7 24	7 6	6 51	6 30	6 15	6 2	5 51	5 40	5 30	5 19	5 5	4 49	4 25
,, 10	7 8	7 42	7 20	7 3	6 38	6 20	6 6	5 53	5 40	5 28	5 15	5 0	4 41	4 14
,, 17	7 20	8 0	7 34	7 14	6 46	6 26	6 10	5 55	5 41	5 28	5 13	4 56	4 35	4 5
,, 24	7 32	8 17	7 47	7 25	6 54	6 32	6 14	5 58	5 43	5 28	5 12	4 53	4 29	3 55
Dec. 1	7 42	8 33	8 0	7 35	7 2	6 38	6 18	6 1	5 45	5 30	5 12	4 52	4 27	3 50
,, 8	7 51	8 46	8 10	7 44	7 8	6 43	6 23	6 5	5 48	5 31	5 13	4 51	4 24	3 46
,, 15	7 58	8 56	8 18	7 51	7 14	6 48	6 27	6 8	5 51	5 34	5 15	4 53	4 25	3 45
,, 22	8 3	9 2	8 24	7 56	7 18	6 52	6 31	6 12	5 55	5 37	5 18	4 56	4 28	3 47
,, 29	8 6	9 4	8 26	7 59	7 21	6 55	6 34	6 15	5 58	5 41	5 22	5 0	4 32	3 52
2020														
Jan. 5	8 5	9 1	8 25	7 58	7 22	6 57	6 36	6 18	6 1	5 45	5 26	5 5	4 38	3 59

Example:—To find the time of Sunrise in Jamaica (Latitude 18° N.) on Saturday, June 15th, 2019. On June 9th L.M.T. = 5h. 20m. + $\frac{2}{10}$ × 18m., = 5h. 24m., on June 16th L.M.T. = 5h. 20m. + $\frac{2}{10}$ × 19m. = 5h. 24m. therefore L.M.T. on June 15th = 5h. 24m. + $\frac{6}{7}$ × 0m. = 5h. 24m. A.M.

LOCAL MEAN TIME OF SUNSET FOR LATITUDES
60° North to 50° South

FOR ALL SUNDAYS IN 2019. (ALL TIMES ARE **P.M.**)

Date.	Northern Latitudes									Southern Latitudes				
	LONDON	60°	55°	50°	40°	30°	20°	10°	0°	10°	20°	30°	40°	50°
2018	H M	H M	H M	H M	H M	H M	H M	H M	H M	H M	H M	H M	H M	H M
Dec.30	3 59	3 1	3 39	4 6	4 43	5 9	5 30	5 49	6 6	6 23	6 42	7 4	7 32	8 12
2019														
Jan. 6	4 7	3 12	3 48	4 13	4 49	5 14	5 35	5 53	6 9	6 26	6 44	7 5	7 32	8 11
,, 13	4 16	3 26	3 58	4 22	4 56	5 20	5 39	5 56	6 12	6 28	6 46	7 6	7 31	8 8
,, 20	4 27	3 41	4 11	4 33	5 4	5 26	5 44	6 0	6 14	6 30	6 46	7 4	7 28	8 1
,, 27	4 40	3 59	4 24	4 44	5 12	5 32	5 48	6 3	6 16	6 29	6 44	7 1	7 23	7 53
Feb. 3	4 52	4 17	4 38	4 56	5 20	5 38	5 53	6 5	6 18	6 29	6 42	6 57	7 16	7 43
,, 10	5 4	4 35	4 54	5 8	5 29	5 44	5 56	6 8	6 18	6 28	6 40	6 53	7 10	7 32
,, 17	5 17	4 54	5 8	5 20	5 37	5 50	6 0	6 9	6 18	6 26	6 36	6 47	7 1	7 20
,, 24	5 30	5 12	5 23	5 32	5 45	5 55	6 3	6 10	6 17	6 23	6 30	6 39	6 50	7 5
Mar. 3	5 43	5 30	5 38	5 44	5 53	6 0	6 6	6 11	6 16	6 20	6 26	6 32	6 40	6 51
,, 10	5 55	5 47	5 52	5 55	6 0	6 4	6 8	6 11	6 14	6 17	6 20	6 24	6 30	6 37
,, 17	6 7	6 4	6 6	6 6	6 8	6 9	6 10	6 11	6 12	6 13	6 15	6 17	6 19	6 22
,, 24	6 19	6 22	6 20	6 18	6 15	6 13	6 12	6 11	6 10	6 9	6 9	6 8	6 7	6 7
,, 31	6 30	6 39	6 33	6 28	6 22	6 18	6 14	6 11	6 8	6 4	6 1	5 58	5 54	5 49
Apr. 7	6 41	6 56	6 46	6 39	6 29	6 22	6 16	6 10	6 6	6 0	5 55	5 50	5 43	5 34
,, 14	6 53	7 13	7 0	6 50	6 36	6 22	6 18	6 10	6 4	5 57	5 50	5 43	5 34	5 22
,, 21	7 5	7 30	7 14	7 1	6 43	6 30	6 20	6 11	6 2	5 53	5 45	5 35	5 23	5 7
,, 28	7 17	7·47	7 28	7 12	6 50	6 35	6 22	6 11	6 1	5 51	5 41	5 29	5 14	4 54
May 5	7 28	8 5	7 41	7 23	6 57	6 39	6 25	6 12	6 0	5 49	5 36	5 22	5 5	4 42
,, 12	7 39	8 22	7 54	7 33	7 4	6 44	6 27	6 13	6 0	5 47	5 33	5 17	4 58	4 31
,, 19	7 50	8 38	8 6	7 43	7 11	6 48	6 30	6 14	6 0	5 46	5 31	5 13	4 52	4 22
,, 26	7 59	8 54	8 18	7 52	7 17	6 52	6 33	6 16	6 0	5 45	5 28	5 9	4 46	4 14
June 2	8 7	9 7	8 28	8 0	7 22	6 56	6 36	6 18	6 1	5 45	5 28	5 8	4 43	4 8
,, 9	8 14	9 18	8 36	8 6	7 27	7 0	6 38	6 20	6 2	5 45	5 27	5 6	4 41	4 4
,, 16	8 19	9 25	8 41	8 11	7 30	7 2	6 40	6 22	6 4	5 46	5 28	5 7	4 40	4 3
,, 23	8 21	9 28	8 43	8 13	7 32	7 4	6 42	6 23	6 5	5 48	5 29	5 8	4 42	4 4
,, 30	8 21	9 26	8 43	8 13	7 33	7 5	6 43	6 24	6 7	5 50	5 31	5 10	4 44	4 7
July 7	8 17	9 20	8 39	8 10	7 32	7 5	6 43	6 25	6 8	5 51	5 33	5 13	4 47	4 11
,, 14	8 12	9 11	8 32	8 6	7 29	7 3	6 43	6 25	6 9	5 53	5 36	5 16	4 52	4 18
,, 21	8 5	8 58	8 24	7 59	7 25	7 0	6 41	6 25	6 10	5 55	5 39	5 20	4 58	4 26
,, 28	7 56	8 43	8 12	7 50	7 19	6 56	6 39	6 24	6 10	5 56	5 41	5 24	5 4	4 35
Aug. 4	7 44	8 26	8 0	7 40	7 12	6 52	6 36	6 22	6 9	5 56	5 43	5 28	5 9	4 43
,, 11	7 31	8 7	7 45	7 28	7 3	6 46	6 32	6 20	6 8	5 58	5 46	5 33	5 16	4 54
,, 18	7 18	7 48	7 29	7 15	6 54	6 39	6 27	6 17	6 7	5 58	5 48	5 37	5 24	5 5
,, 25	7 4	7 28	7 12	7 1	6 44	6 32	6 22	6 13	6 6	5 58	5 49	5 40	5 29	5 13
Sep. 1	6 48	7 7	6 55	6 46	6 33	6 24	6 16	6 9	6 3	5 57	5 51	5 44	5 36	5 24
,, 8	6 32	6 46	6 38	6 31	6 22	6 15	6 10	6 5	6 1	5 57	5 53	5 48	5 42	5 35
,, 15	6 17	6 25	6 20	6 16	6 11	6 7	6 4	6 1	5 59	5 57	5 55	5 52	5 50	5 46
,, 22	6 0	6 3	6 2	6 1	6 1	5 59	5 58	5 57	5 57	5 56	5 56	5 56	5 56	5 56
,, 29	5 44	5 42	5 44	5 45	5 48	5 49	5 51	5 52	5 54	5 56	5 58	6 0	6 3	6 7
Oct. 6	5 29	5 21	5 26	5 30	5 36	5 41	5 45	5 48	5 52	5 55	5 59	6 4	6 9	6 17
,, 13	5 13	5 0	5 8	5 15	5 25	5 33	5 39	5 44	5 50	5 55	6 1	6 9	6 17	6 29
,, 20	4 58	4 40	4 52	5 1	5 15	5 25	5 34	5 41	5 48	5 55	6 3	6 13	6 24	6 40
,, 27	4 44	4 20	4 36	4 48	5 5	5 18	5 29	5 38	5 47	5 57	6 7	6 18	6 32	6 52
Nov. 3	4 31	4 2	4 21	4 35	4 57	5 12	5 25	5 36	5 47	5 59	6 10	6 24	6 40	7 4
,, 10	4 20	3 44	4 7	4 24	4 49	5 7	5 22	5 35	5 48	6 0	6 14	6 29	6 48	7 16
,, 17	4 9	3 28	3 56	4 15	4 43	5 4	5 20	5 35	5 48	6 3	6 17	6 35	6 56	7 27
,, 24	4 1	3 15	3 45	4 7	4 39	5 1	5 19	5 35	5 50	6 5	6 22	6 41	7 5	7 38
Dec. 1	3 55	3 4	3 38	4 2	4 36	5 0	5 19	5 36	5 52	6 9	6 26	6 47	7 12	7 49
,, 8	3 52	2 57	3 33	3 59	4 35	5 0	5 21	5 38	5 55	6 12	6 31	6 52	7 19	7 58
,, 15	3 51	2 53	3 32	3 58	4 36	5 2	5 23	5 41	5 58	6 16	6 35	6 57	7 25	8 5
,, 22	3 54	2 54	3 33	4 0	4 38	5 5	5 26	5 44	6 2	6 20	6 39	7 1	7 29	8 10
,, 29	3 58	3 0	3 38	4 5	4 42	5 9	5 30	5 48	6 6	6 23	6 42	7 4	7 32	8 12
2020														
Jan. 5	4 6	3 10	3 46	4 12	4 48	5 14	5 34	5 52	6 9	6 26	6 44	7 6	7 33	8 11

Example:—To find the time of Sunset in Canberra (Latitude 35.3° S.) on Monday, July 22nd, 2019. On July 21st L.M.T. = 5h. 20m. − $\frac{5.3}{10}$ × 22m. = 5h. 8m., on July 28th L.M.T. = 5h. 24m. − $\frac{5.3}{10}$ × 20m. = 5h. 13m. therefore L.M.T. on July 2nd = 5h. 8m. + $\frac{1}{7}$ × 5m. = 5h. 9m. P.M.

TABLES OF HOUSES FOR LONDON, Latitude 51° 32′ N.

Sidereal Time. H.	M.	S.	10 ♈ °	11 ♉ °	12 ♊ °	Ascen ♋ °	′	2 ♌ °	3 ♍ °
0	0	0	0	9	22	26	36	12	3
0	3	40	1	10	23	27	17	13	3
0	7	20	2	11	24	27	56	14	4
0	11	0	3	12	25	28	42	15	5
0	14	41	4	13	25	29	17	15	6
0	18	21	5	14	26	29	55	16	7
0	22	2	6	15	27	0 ♌	34	17	8
0	25	42	7	16	28	1	14	18	8
0	29	23	8	17	29	1	55	18	9
0	33	4	9	18	♋	2	33	19	10
0	36	45	10	19	1	3	14	20	11
0	40	26	11	20	1	3	54	20	12
0	44	8	12	21	2	4	33	21	13
0	47	50	13	22	3	5	12	22	14
0	51	32	14	23	4	5	52	23	15
0	55	14	15	24	5	6	30	23	15
0	58	57	16	25	6	7	9	24	16
1	2	40	17	26	6	7	50	25	17
1	6	23	18	27	7	8	30	26	18
1	10	7	19	28	8	9	9	26	19
1	13	51	20	29	9	9	48	27	19
1	17	35	21	♊	10	10	28	28	20
1	21	20	22	1	10	11	8	28	21
1	25	6	23	2	11	11	48	29	22
1	28	52	24	3	12	12	28	♍	23
1	32	38	25	4	13	13	8	1	24
1	36	25	26	5	14	13	48	1	25
1	40	12	27	6	14	14	28	2	25
1	44	0	28	7	15	15	8	3	26
1	47	48	29	8	16	15	48	4	27
1	51	37	30	9	17	16	28	4	28

Sidereal Time. H.	M.	S.	10 ♉ °	11 ♊ °	12 ♋ °	Ascen ♌ °	′	2 ♍ °	3 ♍ °
1	51	37	0	9	17	16	28	4	28
1	55	27	1	10	18	17	8	5	29
1	59	17	2	11	19	17	48	6	♎
2	3	8	3	12	19	18	28	7	1
2	6	59	4	13	20	19	9	8	2
2	10	51	5	14	21	19	49	9	2
2	14	44	6	15	22	20	29	9	3
2	18	37	7	16	22	21	10	10	4
2	22	31	8	17	23	21	51	11	5
2	26	25	9	18	24	22	32	11	6
2	30	20	10	19	25	23	14	12	7
2	34	16	11	20	25	23	55	13	8
2	38	13	12	21	26	24	36	14	9
2	42	10	13	22	27	25	17	15	10
2	46	8	14	23	28	25	58	15	11
2	50	7	15	24	29	26	40	16	12
2	54	7	16	25	29	27	22	17	12
2	58	7	17	26	♌	28	4	18	13
3	2	8	18	27	1	28	46	18	14
3	6	9	19	27	2	29	28	19	15
3	10	12	20	28	3	0 ♍	12	20	16
3	14	15	21	29	3	0	54	21	17
3	18	19	22	♋	4	1	36	22	18
3	22	23	23	1	5	2	20	22	19
3	26	29	24	2	6	3	2	23	20
3	30	35	25	3	7	3	45	24	21
3	34	41	26	4	7	4	28	25	22
3	38	49	27	5	8	5	11	26	23
3	42	57	28	6	9	5	54	27	24
3	47	6	29	7	10	6	38	27	25
3	51	15	30	8	11	7	21	28	25

Sidereal Time. H.	M.	S.	10 ♊ °	11 ♋ °	12 ♌ °	Ascen ♍ °	′	2 ♍ °	3 ♎ °
3	51	15	0	8	11	7	21	28	25
3	55	25	1	9	12	8	5	29	26
3	59	36	2	10	12	8	49	♎	27
4	3	48	3	10	13	9	33	1	28
4	8	0	4	11	14	10	17	2	29
4	12	13	5	12	15	11	2	2	♏
4	16	26	6	13	16	11	46	3	1
4	20	40	7	14	17	12	30	4	2
4	24	55	8	15	17	13	15	5	3
4	29	10	9	16	18	14	0	6	4
4	33	26	10	17	19	14	45	7	5
4	37	42	11	18	20	15	30	8	6
4	41	59	12	19	21	16	15	8	7
4	46	16	13	20	21	17	0	9	8
4	50	34	14	21	22	17	45	10	9
4	54	52	15	22	23	18	30	11	10
4	59	10	16	23	24	19	16	12	11
5	3	29	17	24	25	20	3	13	12
5	7	49	18	25	26	20	49	14	13
5	12	9	19	25	27	21	35	14	14
5	16	29	20	26	28	22	20	15	14
5	20	49	21	27	28	23	6	16	15
5	25	9	22	28	29	23	51	17	16
5	29	30	23	29	♍	24	37	18	17
5	33	51	24	♌	1	25	23	19	18
5	38	12	25	1	2	26	9	20	19
5	42	34	26	2	3	26	55	21	20
5	46	55	27	3	4	27	41	21	21
5	51	17	28	4	4	28	27	22	22
5	55	38	29	5	5	29	13	23	23
6	0	0	30	6	6	30	0	24	24

Sidereal Time. H.	M.	S.	10 ♋ °	11 ♌ °	12 ♍ °	Ascen ♎ °	′	2 ♎ °	3 ♏ °
6	0	0	0	6	6	0	0	24	24
6	4	22	1	7	7	0	47	25	25
6	8	43	2	8	8	1	33	26	26
6	13	5	3	9	9	2	19	27	27
6	17	26	4	10	10	3	5	27	28
6	21	48	5	11	10	3	51	28	29
6	26	9	6	12	11	4	37	29	♐
6	30	30	7	13	12	5	23	♏	1
6	34	51	8	14	13	6	9	1	2
6	39	11	9	15	14	6	55	2	3
6	43	31	10	16	15	7	40	2	4
6	47	51	11	16	16	8	26	3	4
6	52	11	12	17	16	9	12	4	5
6	56	31	13	18	17	9	58	5	6
7	0	50	14	19	18	10	43	6	7
7	5	8	15	20	19	11	28	7	8
7	9	26	16	21	20	12	14	8	9
7	13	44	17	22	21	12	59	8	10
7	18	1	18	23	22	13	45	9	11
7	22	18	19	24	23	14	30	10	12
7	26	34	20	25	24	15	15	11	13
7	30	50	21	26	25	16	0	12	14
7	35	5	22	27	25	16	45	13	15
7	39	20	23	28	26	17	30	13	16
7	43	34	24	29	27	18	15	14	17
7	47	47	25	♍	28	18	59	15	18
7	52	0	26	1	29	19	43	16	19
7	56	12	27	2	29	20	27	17	20
8	0	24	28	3	♎	21	11	18	20
8	4	35	29	4	1	21	56	18	21
8	8	45	30	5	2	22	40	19	22

Sidereal Time. H.	M.	S.	10 ♌ °	11 ♍ °	12 ♎ °	Ascen ♎ °	′	2 ♏ °	3 ♐ °
8	8	45	0	5	2	22	40	19	22
8	12	54	1	5	3	23	24	20	23
8	17	3	2	6	3	24	7	21	24
8	21	11	3	7	4	24	50	22	25
8	25	19	4	8	5	25	34	23	26
8	29	26	5	9	6	26	18	23	27
8	33	31	6	10	7	27	1	24	28
8	37	37	7	11	8	27	44	25	29
8	41	41	8	12	8	28	26	26	♑
8	45	45	9	13	9	29	8	27	1
8	49	48	10	14	10	29	50	27	2
8	53	51	11	15	11	0 ♏	32	28	3
8	57	52	12	16	12	1	15	29	4
9	1	53	13	17	12	1	58	♐	4
9	5	53	14	18	13	2	39	1	5
9	9	53	15	18	14	3	21	1	6
9	13	52	16	19	15	4	3	2	7
9	17	50	17	20	16	4	44	3	8
9	21	47	18	21	16	5	26	3	9
9	25	44	19	22	17	6	7	4	10
9	29	40	20	23	18	6	48	5	11
9	33	35	21	24	18	7	29	5	12
9	37	29	22	25	19	8	9	6	13
9	41	23	23	26	20	8	50	7	14
9	45	16	24	27	21	9	31	8	15
9	49	9	25	28	22	10	11	9	16
9	53	1	26	28	23	10	51	9	17
9	56	52	27	29	23	11	32	10	18
10	0	43	28	♎	24	12	12	11	19
10	4	3[illegible]	29	1	25	12	53	12	20
10	8	2[illegible]	30	2	26	13	33	13	20

Sidereal Time. H.	M.	S.	10 ♍ °	11 ♎ °	12 ♎ °	Ascen ♏ °	′	2 ♐ °	3 ♑ °
10	8	23	0	2	26	13	33	13	20
10	12	12	1	3	26	14	13	14	21
10	16	0	2	4	27	14	53	15	22
10	19	48	3	5	28	15	33	15	23
10	23	35	4	5	29	16	13	16	24
10	27	22	5	6	29	16	52	17	25
10	31	8	6	7	♏	17	32	18	26
10	34	54	7	8	1	18	12	19	27
10	38	40	8	9	2	18	52	20	28
10	42	25	9	10	2	19	31	20	29
10	46	9	10	11	3	20	11	21	♒
10	49	53	11	11	4	20	50	22	1
10	53	37	12	12	4	21	30	23	2
10	57	20	13	13	5	22	9	24	3
11	1	3	14	14	6	22	49	24	4
11	4	46	15	15	7	23	28	25	5
11	8	28	16	16	7	24	8	26	6
11	12	10	17	17	8	24	47	27	8
11	15	52	18	17	9	25	27	28	9
11	19	34	19	18	10	26	6	29	10
11	23	15	20	19	10	26	45	♑	11
11	26	56	21	20	11	27	25	0	12
11	30	37	22	21	12	28	5	1	13
11	34	18	23	22	13	28	44	2	14
11	37	58	24	23	13	29	24	3	15
11	41	39	25	23	14	0 ♐	3	4	16
11	45	19	26	24	15	0	43	5	17
11	49	0	27	25	15	1	23	6	18
11	52	40	28	26	16	2	3	6	19
11	56	20	29	27	17	2	43	7	20
12	0	0	30	27	17	3	23	8	21

TABLES OF HOUSES FOR LONDON, Latitude 51° 32′ *N.*

Sidereal Time.			10 ♎	11 ♎	12 ♏	Ascen ♐		2 ♑	3 ♒
H.	M.	S.	°	°	°	°	′	°	°
12	0	0	0	27	17	3	23	8	21
12	3	40	1	28	18	4	4	9	23
12	7	20	2	29	19	4	45	10	24
12	11	0	3	♏	20	5	26	11	25
12	14	41	4	1	20	6	7	12	26
12	18	21	5	1	21	6	48	13	27
12	22	2	6	2	22	7	29	14	28
12	25	42	7	3	23	8	10	15	29
12	29	23	8	4	23	8	51	16	♓
12	33	4	9	5	24	9	33	17	2
12	36	45	10	6	25	10	15	18	3
12	40	26	11	6	25	10	57	19	4
12	44	8	12	7	26	11	40	20	5
12	47	50	13	8	27	12	22	21	6
12	51	32	14	9	28	13	4	22	7
12	55	14	15	10	28	13	47	23	9
12	58	57	16	11	29	14	30	24	10
13	2	40	17	11	♐	15	14	25	11
13	6	23	18	12	1	15	59	26	12
13	10	7	19	13	1	16	44	27	13
13	13	51	20	14	2	17	29	28	15
13	17	35	21	15	3	18	14	29	16
13	21	20	22	16	4	19	0	♒	17
13	25	6	23	16	4	19	45	1	18
13	28	52	24	17	5	20	31	2	20
13	32	38	25	18	6	21	18	4	21
13	36	25	26	19	7	22	6	5	22
13	40	12	27	20	7	22	54	6	23
13	44	0	28	21	8	23	42	7	25
13	47	48	29	21	9	24	31	8	26
13	51	37	30	22	10	25	20	10	27

Sidereal Time.			10 ♏	11 ♏	12 ♐	Ascen ♐		2 ♒	3 ♓
H.	M.	S.	°	°	°	°	′	°	°
13	51	37	0	22	10	25	20	10	27
13	55	27	1	23	11	26	10	11	28
13	59	17	2	24	11	27	2	12	♈
14	3	8	3	25	12	27	53	14	1
14	6	59	4	26	13	28	45	15	2
14	10	51	5	26	14	29	36	16	4
14	14	44	6	27	15	0 ♑	29	18	5
14	18	37	7	28	15	1	23	19	6
14	22	31	8	29	16	2	18	20	8
14	26	25	9	♐	17	3	14	22	9
14	30	20	10	1	18	4	11	23	10
14	34	16	11	2	19	5	9	25	11
14	38	13	12	2	20	6	7	26	13
14	42	10	13	3	20	7	6	28	14
14	46	8	14	4	21	8	6	29	15
14	50	7	15	5	22	9	8	♓	17
14	54	7	16	6	23	10	11	2	18
14	58	7	17	7	24	11	15	4	19
15	2	8	18	8	25	12	20	6	21
15	6	9	19	9	26	13	27	8	22
15	10	12	20	9	27	14	35	9	23
15	14	15	21	10	27	15	43	11	24
15	18	19	22	11	28	16	52	13	26
15	22	23	23	12	29	18	3	14	27
15	26	29	24	13	♑	19	16	16	28
15	30	35	25	14	1	20	32	17	29
15	34	41	26	15	2	21	48	19	♉
15	38	49	27	16	3	23	8	21	2
15	42	57	28	17	4	24	29	22	3
15	47	6	29	18	5	25	51	24	5
15	51	15	30	18	6	27	15	26	6

Sidereal Time.			10 ♐	11 ♐	12 ♑	Ascen ♑		2 ♓	3 ♉
H.	M.	S.	°	°	°	°	′	°	°
15	51	15	0	18	6	27	15	26	6
15	55	25	1	19	7	28	42	28	7
15	59	36	2	20	8	0 ♒	11	♈	9
16	3	48	3	21	9	1	42	2	10
16	8	0	4	22	10	3	16	3	11
16	12	13	5	23	11	4	53	5	12
16	16	26	6	24	12	6	32	7	14
16	20	40	7	25	13	8	13	9	15
16	24	55	8	26	14	9	57	11	16
16	29	10	9	27	16	11	44	12	17
16	33	26	10	28	17	13	34	14	18
16	37	42	11	29	18	15	26	16	20
16	41	59	12	♑	19	17	20	18	21
16	46	16	13	1	20	19	18	20	22
16	50	34	14	2	21	21	22	21	23
16	54	52	15	3	22	23	29	23	25
16	59	10	16	4	24	25	36	25	26
17	3	29	17	5	25	27	46	27	27
17	7	49	18	6	26	0 ♓	0	28	28
17	12	9	19	7	27	2	19	♉	29
17	16	29	20	8	29	4	40	2	♊
17	20	49	21	9	♒	7	2	3	1
17	25	9	22	10	1	9	26	5	2
17	29	30	23	11	3	11	54	7	3
17	33	51	24	12	4	14	24	8	5
17	38	12	25	13	5	17	0	10	6
17	42	34	26	14	7	19	33	11	7
17	46	55	27	15	8	22	6	13	8
17	51	17	28	16	10	24	40	14	9
17	55	38	29	17	11	27	20	16	10
18	0	0	30	18	13	30	0	17	11

Sidereal Time.			10 ♑	11 ♑	12 ♒	Ascen ♈		2 ♉	3 ♊
H.	M.	S.	°	°	°	°	′	°	°
18	0	0	0	18	13	0	0	17	11
18	4	22	1	20	14	2	39	19	13
18	8	43	2	21	16	5	19	20	14
18	13	5	3	22	17	7	55	22	15
18	17	26	4	23	19	10	29	23	16
18	21	48	5	24	20	13	2	25	17
18	26	9	6	25	22	15	36	26	18
18	30	30	7	26	23	18	6	28	19
18	34	51	8	27	25	20	34	29	20
18	39	11	9	29	27	22	59	♊	21
18	43	31	10	♒	28	25	22	1	22
18	47	51	11	1	♓	27	42	2	23
18	52	11	12	2	2	29	58	4	24
18	56	31	13	3	3	2 ♉	13	5	25
19	0	50	14	4	5	4	24	6	26
19	5	8	15	6	7	6	30	8	27
19	9	26	16	7	9	8	36	9	28
19	13	44	17	8	10	10	40	10	29
19	18	1	18	9	12	12	39	11	♋
19	22	18	19	10	14	14	35	12	1
19	26	34	20	12	16	16	28	13	2
19	30	50	21	13	18	18	17	14	3
19	35	5	22	14	19	20	3	16	4
19	39	20	23	15	21	21	48	17	5
19	43	34	24	16	23	23	29	18	6
19	47	47	25	18	25	25	9	19	7
19	52	0	26	19	27	26	45	20	8
19	56	12	27	20	28	28	18	21	9
20	0	24	28	21	♈	29	49	22	10
20	4	35	29	23	2	1 ♊	19	23	11
20	8	45	30	24	4	2	45	24	12

Sidereal Time.			10 ♒	11 ♒	12 ♈	Ascen ♊		2 ♊	3 ♋
H.	M.	S.	°	°	°	°	′	°	°
20	8	45	0	24	4	2	45	24	12
20	12	54	1	25	6	4	9	25	12
20	17	3	2	27	7	5	32	26	13
20	21	11	3	28	9	6	53	27	14
20	25	19	4	29	11	8	12	28	15
20	29	26	5	♓	13	9	27	29	16
20	33	31	6	2	14	10	43	♋	17
20	37	37	7	3	16	11	58	1	18
20	41	41	8	4	18	13	9	2	19
20	45	45	9	6	19	14	18	3	20
20	49	48	10	7	21	15	25	3	21
20	53	51	11	8	23	16	32	4	21
20	57	52	12	9	24	17	39	5	22
21	1	53	13	11	26	18	44	6	23
21	5	53	14	12	28	19	48	7	24
21	9	53	15	13	29	20	51	8	25
21	13	52	16	15	♉	21	53	9	26
21	17	50	17	16	2	22	53	10	27
21	21	47	18	17	4	23	52	10	28
21	25	44	19	19	5	24	51	11	28
21	29	40	20	20	7	25	48	12	29
21	33	35	21	22	8	26	44	13	♌
21	37	29	22	23	10	27	40	14	1
21	41	23	23	24	11	28	34	15	2
21	45	16	24	25	13	29	29	15	3
21	49	9	25	26	14	0 ♋	22	16	4
21	53	1	26	28	15	1	15	17	4
21	56	52	27	29	16	2	7	18	5
22	0	43	28	♈	18	2	57	19	6
22	4	33	29	2	19	3	48	19	7
22	8	23	30	3	20	4	38	20	8

Sidereal Time.			10 ♓	11 ♈	12 ♉	Ascen ♋		2 ♋	3 ♌
H.	M.	S.	°	°	°	°	′	°	°
22	8	23	0	3	20	4	38	20	8
22	12	12	1	4	21	5	28	21	8
22	16	0	2	6	23	6	17	22	9
22	19	48	3	7	24	7	5	23	10
22	23	35	4	8	25	7	53	23	11
22	27	22	5	9	26	8	42	24	12
22	31	8	6	10	28	9	29	25	13
22	34	54	7	12	29	10	16	26	14
22	38	40	8	13	♊	11	2	26	14
22	42	25	9	14	1	11	47	27	15
22	46	9	10	15	2	12	31	28	16
22	49	53	11	17	3	13	16	29	17
22	53	37	12	18	4	14	1	29	18
22	57	20	13	19	5	14	45	♌	19
23	1	3	14	20	6	15	28	1	19
23	4	46	15	21	7	16	11	2	20
23	8	28	16	23	8	16	54	2	21
23	12	10	17	24	9	17	37	3	22
23	15	52	18	25	10	18	20	4	23
23	19	34	19	26	11	19	3	5	24
23	23	15	20	27	12	19	45	5	24
23	26	56	21	29	13	20	26	6	25
23	30	37	22	♉	14	21	8	7	26
23	34	18	23	1	15	21	50	7	27
23	37	58	24	2	16	22	31	8	28
23	41	39	25	3	17	23	12	9	28
23	45	19	26	4	18	23	53	9	29
23	49	0	27	5	19	24	32	10	♍
23	52	40	28	6	20	25	15	11	1
23	56	20	29	8	21	25	56	12	2
24	0	0	30	9	22	26	36	13	3

TABLES OF HOUSES FOR LIVERPOOL, Latitude 53° 25′ N.

Sidereal Time.			10 ♈	11 ♉	12 ♊	Ascen ♋		2 ♌	3 ♍
H.	M.	S.	°	°	°	°	′	°	°
0	0	0	0	9	24	28	12	14	3
0	3	40	1	10	25	28	51	14	4
0	7	20	2	12	25	29	30	15	4
0	11	0	3	13	26	0 ♌	9	16	5
0	14	41	4	14	27	0	48	17	6
0	18	21	5	15	28	1	27	17	7
0	22	2	6	16	29	2	6	18	8
0	25	42	7	17	♋	2	44	19	9
0	29	23	8	18	1	3	22	19	10
0	33	4	9	19	1	4	1	20	10
0	36	45	10	20	2	4	39	21	11
0	40	26	11	21	3	5	18	22	12
0	44	8	12	22	4	5	56	22	13
0	47	50	13	23	5	6	34	23	14
0	51	32	14	24	6	7	13	24	14
0	55	14	15	25	6	7	51	24	15
0	58	57	16	26	7	8	30	25	16
1	2	40	17	27	8	9	8	26	17
1	6	23	18	28	9	9	47	26	18
1	10	7	19	29	10	10	25	27	19
1	13	51	20	♊	11	11	4	28	19
1	17	35	21	1	11	11	43	28	20
1	21	20	22	2	12	12	21	29	21
1	25	6	23	3	13	13	0	♍	22
1	28	52	24	4	14	13	39	1	23
1	32	38	25	5	15	14	17	1	24
1	36	25	26	6	15	14	56	2	25
1	40	12	27	7	16	15	35	3	25
1	44	0	28	8	17	16	14	3	26
1	47	48	29	9	18	16	53	4	27
1	51	37	30	10	18	17	32	5	28

Sidereal Time.			10 ♉	11 ♊	12 ♋	Ascen ♌		2 ♍	3 ♍
H.	M.	S.	°	°	°	°	′	°	°
1	51	37	0	10	18	17	32	5	28
1	55	27	1	11	19	18	11	6	29
1	59	17	2	12	20	18	51	6	♎
2	3	8	3	13	21	19	30	7	1
2	6	59	4	14	22	20	9	8	2
2	10	51	5	15	22	20	49	9	2
2	14	44	6	16	23	21	28	9	3
2	18	37	7	17	24	22	8	10	4
2	22	31	8	18	25	22	48	11	5
2	26	25	9	19	25	23	28	12	6
2	30	20	10	20	26	24	8	12	7
2	34	16	11	21	27	24	48	13	8
2	38	13	12	22	28	25	28	14	9
2	42	10	13	23	29	26	8	15	10
2	46	8	14	24	29	26	49	15	10
2	50	7	15	25	♌	27	29	16	11
2	54	7	16	26	1	28	10	17	12
2	58	7	17	27	2	28	51	18	13
3	2	8	18	28	2	29	32	19	14
3	6	9	19	29	3	0 ♍	13	19	15
3	10	12	20	29	4	0	54	20	16
3	14	15	21	♋	5	1	36	21	17
3	18	19	22	1	5	2	17	22	18
3	22	23	23	2	6	2	59	23	19
3	26	29	24	3	7	3	41	23	20
3	30	35	25	4	8	4	23	24	21
3	34	41	26	5	9	5	5	25	22
3	38	49	27	6	10	5	47	26	22
3	42	57	28	7	10	6	29	27	23
3	47	6	29	8	11	7	12	27	24
3	51	15	30	9	12	7	55	28	25

Sidereal Time.			10 ♊	11 ♋	12 ♌	Ascen ♍		2 ♍	3 ♎
H.	M.	S.	°	°	°	°	′	°	°
3	51	15	0	9	12	7	55	28	25
3	55	25	1	10	13	8	37	29	26
3	59	36	2	11	13	9	20	♎	27
4	3	48	3	12	14	10	3	1	28
4	8	0	4	12	15	10	46	2	29
4	12	13	5	13	16	11	30	2	♏
4	16	26	6	14	17	12	13	3	1
4	20	40	7	15	18	12	56	4	2
4	24	55	8	16	18	13	40	5	3
4	29	10	9	17	19	14	24	6	4
4	33	26	10	18	20	15	8	7	5
4	37	42	11	19	21	15	52	7	6
4	41	59	12	20	21	16	36	8	6
4	46	16	13	21	22	17	20	9	7
4	50	34	14	22	23	18	4	10	8
4	54	52	15	23	24	18	48	11	9
4	59	10	16	24	25	19	32	12	10
5	3	29	17	24	26	20	17	12	11
5	7	49	18	25	26	21	1	13	12
5	12	9	19	26	27	21	46	14	13
5	16	29	20	27	28	22	31	15	14
5	20	49	21	28	29	23	16	16	15
5	25	9	22	29	♍	24	0	17	16
5	29	30	23	♌	1	24	45	18	17
5	33	51	24	1	1	25	30	18	18
5	38	12	25	2	2	26	15	19	19
5	42	34	26	3	3	27	0	20	20
5	46	55	27	4	4	27	45	21	21
5	51	17	28	5	5	28	30	22	21
5	55	38	29	6	6	29	15	23	22
6	0	0	30	7	7	30	0	23	23

Sidereal Time.			10 ♋	11 ♌	12 ♍	Ascen ♎		2 ♎	3 ♏
H.	M.	S.	°	°	°	°	′	°	°
6	0	0	0	7	7	0	0	23	23
6	4	22	1	8	7	0	45	24	24
6	8	43	2	9	8	1	30	25	25
6	13	5	3	9	9	2	15	26	26
6	17	26	4	10	10	3	0	27	27
6	21	48	5	11	11	3	45	28	28
6	26	9	6	12	12	4	30	29	29
6	30	30	7	13	12	5	15	29	♐
6	34	51	8	14	13	6	0	♏	1
6	39	11	9	15	14	6	44	1	2
6	43	31	10	16	15	7	29	2	3
6	47	51	11	17	16	8	14	3	4
6	52	11	12	18	17	8	59	4	5
6	56	31	13	19	18	9	43	4	6
7	0	50	14	20	18	10	27	5	6
7	5	8	15	21	19	11	11	6	7
7	9	26	16	22	20	11	56	7	8
7	13	44	17	23	21	12	40	8	9
7	18	1	18	24	22	13	24	8	10
7	22	18	19	24	23	14	8	9	11
7	26	34	20	25	23	14	52	10	12
7	30	50	21	26	24	15	36	11	13
7	35	5	22	27	25	16	20	12	14
7	39	20	23	28	26	17	4	13	15
7	43	34	24	29	27	17	47	13	16
7	47	47	25	♍	28	18	30	14	17
7	52	0	26	1	28	19	13	15	18
7	56	12	27	2	29	19	57	16	18
8	0	24	28	3	♎	20	40	17	19
8	4	35	29	4	1	21	23	17	20
8	8	45	30	5	2	22	5	18	21

Sidereal Time.			10 ♌	11 ♍	12 ♎	Ascen ♎		2 ♏	3 ♐
H.	M.	S.	°	°	°	°	′	°	°
8	8	45	0	5	2	22	5	18	21
8	12	54	1	6	2	22	48	19	22
8	17	3	2	7	3	23	30	20	23
8	21	11	3	8	4	24	13	20	24
8	25	19	4	8	5	24	55	21	25
8	29	26	5	9	6	25	37	22	26
8	33	31	6	10	7	26	19	23	27
8	37	37	7	11	7	27	1	24	28
8	41	41	8	12	8	27	43	25	29
8	45	45	9	13	9	28	24	25	♑
8	49	48	10	14	10	29	6	26	1
8	53	51	11	15	11	29	47	27	1
8	57	52	12	16	11	0 ♏	28	28	2
9	1	53	13	17	12	1	9	28	3
9	5	53	14	18	13	1	50	29	4
9	9	53	15	19	14	2	31	♐	5
9	13	52	16	19	15	3	11	1	6
9	17	50	17	20	15	3	52	1	7
9	21	47	18	21	16	4	32	2	8
9	25	44	19	22	17	5	12	3	9
9	29	40	20	23	18	5	52	4	10
9	33	35	21	24	18	6	32	5	11
9	37	29	22	25	19	7	12	5	12
9	41	23	23	26	20	7	52	6	13
9	45	16	24	27	21	8	32	7	14
9	49	9	25	27	21	9	12	8	15
9	53	1	26	28	22	9	51	8	16
9	56	52	27	29	23	10	30	9	17
10	0	43	28	♎	24	11	9	10	17
10	4	33	29	1	24	11	49	11	18
10	8	23	30	2	25	12	28	11	19

Sidereal Time.			10 ♍	11 ♎	12 ♎	Ascen ♏		2 ♐	3 ♑
H.	M.	S.	°	°	°	°	′	°	°
10	8	23	0	2	25	12	28	11	19
10	12	12	1	3	26	13	6	12	20
10	16	0	2	4	27	13	45	13	21
10	19	48	3	4	27	14	25	14	22
10	23	35	4	5	28	15	4	15	23
10	27	22	5	6	29	15	42	15	24
10	31	8	6	7	29	16	21	16	25
10	34	54	7	8	♏	17	0	17	26
10	38	40	8	9	1	17	39	18	27
10	42	25	9	10	2	18	17	18	28
10	46	9	10	10	2	18	55	19	29
10	49	53	11	11	3	19	34	20	♒
10	53	37	12	12	4	20	13	21	1
10	57	20	13	13	4	20	52	22	2
11	1	3	14	14	5	21	30	22	3
11	4	46	15	15	6	22	8	23	5
11	8	28	16	16	7	22	46	24	6
11	12	10	17	16	7	23	25	25	7
11	15	52	18	17	8	24	4	26	8
11	19	34	19	18	9	24	42	26	9
11	23	15	20	19	9	25	21	27	10
11	26	56	21	20	10	25	59	28	11
11	30	37	22	20	11	26	38	29	12
11	34	18	23	21	12	27	16	♑	13
11	37	58	24	22	12	27	54	1	14
11	41	39	25	23	13	28	33	1	15
11	45	19	26	24	14	29	11	2	16
11	49	0	27	25	14	29	50	3	17
11	52	40	28	26	15	0 ♐	30	4	18
11	56	20	29	26	16	1	9	5	20
12	0	0	30	27	16	1	48	6	21

TABLES OF HOUSES FOR LIVERPOOL, *Latitude* 53° 25′ N

Sidereal Time. H.	M.	S.	10 ♎ °	11 ♎ °	12 ♏ °	Ascen ♐ °	′	2 ♑ °	3 ♒ °
12	0	0	0	27	16	1	48	6	21
12	3	40	1	28	17	2	27	7	22
12	7	20	2	29	18	3	6	8	23
12	11	0	3	♏	18	3	46	9	24
12	14	41	4	0	19	4	25	10	25
12	18	21	5	1	20	5	6	10	26
12	22	2	6	2	21	5	46	11	28
12	25	42	7	3	21	6	26	12	29
12	29	23	8	4	22	7	6	13	♓
12	33	4	9	4	23	7	46	14	1
12	36	45	10	5	24	8	27	15	2
12	40	26	11	6	24	9	8	16	3
12	44	8	12	7	25	9	49	17	5
12	47	50	13	8	26	10	30	18	6
12	51	32	14	9	26	11	12	19	7
12	55	14	15	9	27	11	54	20	8
12	58	57	16	10	28	12	36	21	10
13	2	40	17	11	28	13	19	22	11
13	6	23	18	12	29	14	2	23	12
13	10	7	19	13	♐	14	45	25	13
13	13	51	20	13	1	15	28	26	15
13	17	35	21	14	1	16	12	27	16
13	21	20	22	15	2	16	56	28	17
13	25	6	23	16	3	17	41	29	18
13	28	52	24	17	4	18	26	♒	19
13	32	38	25	17	4	19	11	1	21
13	36	25	26	18	5	19	57	3	22
13	40	12	27	19	6	20	44	4	23
13	44	0	28	20	7	21	31	5	24
13	47	48	29	21	7	22	18	7	26
13	51	37	30	21	8	23	6	8	27

Sidereal Time. H.	M.	S.	10 ♏ °	11 ♏ °	12 ♐ °	Ascen ♐ °	′	2 ♒ °	3 ♓ °
13	51	37	0	21	8	23	6	8	27
13	55	27	1	22	9	23	55	9	28
13	59	17	2	23	10	24	43	10	♈
14	3	8	3	24	10	25	33	12	1
14	6	59	4	25	11	26	23	13	2
14	10	51	5	26	12	27	14	15	4
14	14	44	6	26	13	28	6	16	5
14	18	37	7	27	13	28	59	18	6
14	22	31	8	28	14	29	52	19	8
14	26	25	9	29	15	0 ♑	46	20	9
14	30	20	10	♐	16	1	41	22	10
14	34	16	11	1	17	2	36	23	11
14	38	13	12	2	18	3	33	25	13
14	42	10	13	2	18	4	30	26	14
14	46	8	14	3	19	5	29	28	16
14	50	7	15	4	20	6	29	♓	17
14	54	7	16	5	21	7	30	1	18
14	58	7	17	6	22	8	32	3	20
15	2	8	18	7	23	9	35	5	21
15	6	9	19	8	24	10	39	6	22
15	10	12	20	8	24	11	45	8	23
15	14	15	21	9	25	12	52	10	25
15	18	19	22	10	26	14	1	11	26
15	22	23	23	11	27	15	11	13	27
15	26	29	24	12	28	16	23	15	29
15	30	35	25	13	29	17	37	17	♉
15	34	41	26	14	♑	18	53	19	1
15	38	49	27	15	1	20	10	21	3
15	42	57	28	16	2	21	29	22	4
15	47	6	29	16	3	22	51	24	5
15	51	15	30	17	4	24	15	26	7

Sidereal Time. H.	M.	S.	10 ♐ °	11 ♐ °	12 ♑ °	Ascen ♑ °	′	2 ♓ °	3 ♉ °
15	51	15	0	17	4	24	15	26	7
15	55	25	1	18	5	25	41	28	8
15	59	36	2	19	6	27	10	♈	9
16	3	48	3	20	7	28	41	2	10
16	8	0	4	21	8	0 ♒	14	4	12
16	12	13	5	22	9	1	50	5	13
16	16	26	6	23	10	3	30	7	14
16	20	40	7	24	11	5	13	9	15
16	24	55	8	25	12	6	58	11	17
16	29	10	9	26	13	8	46	13	18
16	33	26	10	27	14	10	38	15	19
16	37	42	11	28	15	12	32	17	20
16	41	59	12	29	16	14	31	19	22
16	46	16	13	♑	18	16	33	20	23
16	50	34	14	1	19	18	40	22	24
16	54	52	15	2	20	20	50	24	25
16	59	10	16	3	21	23	4	26	26
17	3	29	17	4	22	25	21	28	28
17	7	49	18	5	24	27	42	29	29
17	12	9	19	6	25	0 ♓	8	♉	♊
17	16	29	20	7	26	2	37	3	1
17	20	49	21	8	28	5	10	5	3
17	25	9	22	9	29	7	46	6	4
17	29	30	23	10	♒	10	24	8	5
17	33	51	24	11	2	13	7	10	6
17	38	12	25	12	3	15	52	11	7
17	42	34	26	13	4	18	38	13	8
17	46	55	27	14	6	21	27	15	9
17	51	17	28	15	7	24	17	16	10
17	55	38	29	16	9	27	8	18	12
18	0	0	30	17	11	30	0	19	13

Sidereal Time. H.	M.	S.	10 ♑ °	11 ♑ °	12 ♒ °	Ascen ♈ °	′	2 ♉ °	3 ♊ °
18	0	0	0	17	11	0	0	19	13
18	4	22	1	18	12	2	52	21	14
18	8	43	2	20	14	5	43	23	15
18	13	5	3	21	15	8	33	24	16
18	17	26	4	22	17	11	22	25	17
18	21	48	5	23	19	14	8	27	18
18	26	9	6	24	20	16	53	28	19
18	30	30	7	25	22	19	36	♊	20
18	34	51	8	26	24	22	14	1	21
18	39	11	9	27	25	24	50	2	22
18	43	31	10	29	27	27	23	4	23
18	47	51	11	♒	28	29	52	5	24
18	52	11	12	1	♓	2 ♉	18	6	25
18	56	31	13	2	2	4	39	8	26
19	0	50	14	4	4	6	56	9	27
19	5	8	15	5	6	9	10	10	28
19	9	26	16	6	8	11	20	11	29
19	13	44	17	7	10	13	27	12	♋
19	18	1	18	8	11	15	29	14	1
19	22	18	19	9	13	17	28	15	2
19	26	34	20	11	15	19	22	16	3
19	30	50	21	12	17	21	14	17	4
19	35	5	22	13	19	23	2	18	5
19	39	20	23	15	21	24	47	19	6
19	43	34	24	16	23	26	30	20	7
19	47	47	25	17	25	28	10	21	8
19	52	0	26	18	26	29	46	22	9
19	56	12	27	20	28	1 ♊	19	23	10
20	0	24	28	21	♈	2	50	24	11
20	4	35	29	22	2	4	19	25	12
20	8	45	30	23	4	5	45	26	13

Sidereal Time. H.	M.	S.	10 ♒ °	11 ♒ °	12 ♈ °	Ascen ♊ °	′	2 ♊ °	3 ♋ °
20	8	45	0	23	4	5	45	26	13
20	12	54	1	25	6	7	9	27	14
20	17	3	2	26	8	8	31	28	14
20	21	11	3	27	9	9	50	29	15
20	25	19	4	29	11	11	7	♋	16
20	29	26	5	♓	13	12	23	1	17
20	33	31	6	1	15	13	37	2	18
20	37	37	7	3	17	14	49	3	19
20	41	41	8	4	19	15	59	4	20
20	45	45	9	5	20	17	8	5	21
20	49	48	10	7	22	18	15	6	22
20	53	51	11	8	24	19	21	7	22
20	57	52	12	10	25	20	25	7	23
21	1	53	13	11	27	21	28	8	24
21	5	53	14	12	29	22	30	9	25
21	9	53	15	13	♉	23	31	10	26
21	13	52	16	14	2	24	31	11	27
21	17	50	17	16	4	25	30	12	28
21	21	47	18	17	5	26	27	12	28
21	25	44	19	18	7	27	24	13	29
21	29	40	20	20	8	28	19	14	♌
21	33	35	21	21	10	29	14	15	1
21	37	29	22	22	11	0 ♋	8	16	2
21	41	23	23	24	12	1	1	17	3
21	45	16	24	25	14	1	54	17	4
21	49	9	25	26	15	2	46	18	4
21	53	1	26	28	17	3	37	19	5
21	56	52	27	29	18	4	27	20	6
22	0	43	28	♈	20	5	17	20	7
22	4	33	29	2	21	6	5	21	8
22	8	23	30	3	22	6	54	22	8

Sidereal Time. H.	M.	S.	10 ♓ °	11 ♈ °	12 ♉ °	Ascen ♋ °	′	2 ♋ °	3 ♌ °
22	8	23	0	3	22	6	54	22	8
22	12	12	1	4	23	7	42	23	9
22	16	0	2	5	25	8	29	23	10
22	19	48	3	7	26	9	16	24	11
22	23	35	4	8	27	10	3	25	12
22	27	22	5	9	29	10	49	26	13
22	31	8	6	11	♊	11	34	26	13
22	34	54	7	12	1	12	19	27	14
22	38	40	8	13	2	13	3	28	15
22	42	25	9	14	3	13	48	29	16
22	46	9	10	16	4	14	32	29	17
22	49	53	11	17	5	15	15	♌	17
22	53	37	12	18	7	15	58	1	18
22	57	20	13	19	8	16	41	2	19
23	1	3	14	20	9	17	24	2	20
23	4	46	15	22	10	18	6	3	21
23	8	28	16	23	11	18	48	4	21
23	12	10	17	24	12	19	30	4	22
23	15	52	18	25	13	20	11	5	23
23	19	34	19	27	14	20	52	6	24
23	23	15	20	28	15	21	33	6	25
23	26	56	21	29	16	22	14	7	26
23	30	37	22	♉	17	22	54	8	26
23	34	18	23	1	18	23	34	9	27
23	37	58	24	2	19	24	14	9	28
23	41	39	25	4	20	24	54	10	29
23	45	19	26	5	21	25	35	11	♍
23	49	0	27	6	22	26	14	11	0
23	52	40	28	7	22	26	54	12	1
23	56	20	29	8	23	27	33	13	2
24	0	0	30	9	24	28	12	14	3

TABLES OF HOUSES FOR NEW YORK, *Latitude* 40° 43′ *N.*

Sidereal Time. H.	M.	S.	10 ♈ °	11 ♉ °	12 ♊ °	Ascen ♋ °	Ascen ′	2 ♌ °	3 ♍ °
0	0	0	0	6	15	18	53	8	1
0	3	40	1	7	16	19	38	9	2
0	7	20	2	8	17	20	23	10	3
0	11	0	3	9	18	21	12	11	4
0	14	41	4	11	19	21	55	12	5
0	18	21	5	12	20	22	40	12	5
0	22	2	6	13	21	23	24	13	6
0	25	42	7	14	22	24	8	14	7
0	29	23	8	15	23	24	54	15	8
0	33	4	9	16	23	25	37	15	9
0	36	45	10	17	24	26	22	16	10
0	40	26	11	18	25	27	5	17	11
0	44	8	12	19	26	27	50	18	12
0	47	50	13	20	27	28	33	19	13
0	51	32	14	21	28	29	18	19	13
0	55	14	15	22	28	0 ♌	3	20	14
0	58	57	16	23	29	0	46	21	15
1	2	40	17	24	♋	1	31	22	16
1	6	23	18	25	1	2	14	22	17
1	10	7	19	26	2	2	58	23	18
1	13	51	20	27	3	3	43	24	19
1	17	35	21	28	3	4	27	25	20
1	21	20	22	29	4	5	12	25	21
1	25	6	23	♊	5	5	56	26	22
1	28	52	24	1	6	6	40	27	22
1	32	38	25	2	7	7	25	28	23
1	36	25	26	2	8	8	9	29	24
1	40	12	27	3	9	8	53	♍	25
1	44	0	28	4	10	9	38	1	26
1	47	48	29	5	10	10	24	1	27
1	51	37	30	6	11	11	8	2	28
Sidereal Time. H.	**M.**	**S.**	**10 ♉ °**	**11 ♊ °**	**12 ♋ °**	**Ascen ♌ °**	**Ascen ′**	**2 ♍ °**	**3 ♍ °**
1	51	37	0	6	11	11	8	2	28
1	55	27	1	7	12	11	53	3	29
1	59	17	2	8	13	12	38	4	♎
2	3	8	3	9	14	13	22	5	1
2	6	59	4	10	15	14	8	5	2
2	10	51	5	11	15	14	53	6	3
2	14	44	6	12	16	15	39	7	4
2	18	37	7	13	17	16	24	8	4
2	22	31	8	14	18	17	10	9	5
2	26	25	9	15	19	17	56	10	6
2	30	20	10	16	20	18	41	10	7
2	34	16	11	17	20	19	27	11	8
2	38	13	12	18	21	20	14	12	9
2	42	10	13	19	22	21	0	13	10
2	46	8	14	19	23	21	47	14	11
2	50	7	15	20	24	22	33	15	12
2	54	7	16	21	25	23	20	16	13
2	58	7	17	22	25	24	7	17	14
3	2	8	18	23	26	24	54	17	15
3	6	9	19	24	27	25	42	18	16
3	10	12	20	25	28	26	29	19	17
3	14	15	21	26	29	27	17	20	18
3	18	19	22	27	♌	28	4	21	19
3	22	23	23	28	1	28	52	22	20
3	26	29	24	29	1	29	40	23	21
3	30	35	25	♋	2	0 ♍	29	24	22
3	34	41	26	1	3	1	17	24	23
3	38	49	27	2	4	2	6	25	24
3	42	57	28	3	5	2	55	26	25
3	47	6	29	4	6	3	43	27	26
3	51	15	30	5	7	4	32	28	27
Sidereal Time. H.	**M.**	**S.**	**10 ♊ °**	**11 ♋ °**	**12 ♌ °**	**Ascen ♍ °**	**Ascen ′**	**2 ♍ °**	**3 ♎ °**
3	51	15	0	5	7	4	32	28	27
3	55	25	1	6	8	5	22	29	28
3	59	36	2	6	8	6	10	♎	29
4	3	48	3	7	9	7	0	1	♏
4	8	0	4	8	10	7	49	2	1
4	12	13	5	9	11	8	40	3	2
4	16	26	6	10	12	9	30	4	3
4	20	40	7	11	13	10	19	4	4
4	24	55	8	12	14	11	10	5	5
4	29	10	9	13	15	12	0	6	6
4	33	26	10	14	16	12	51	7	7
4	37	42	11	15	16	13	41	8	8
4	41	59	12	16	17	14	32	9	9
4	46	16	13	17	18	15	23	10	10
4	50	34	14	18	19	16	14	11	11
4	54	52	15	19	20	17	5	12	12
4	59	10	16	20	21	17	56	13	13
5	3	29	17	21	22	18	47	14	14
5	7	49	18	22	23	19	39	15	15
5	12	9	19	23	24	20	30	16	16
5	16	29	20	24	25	21	22	17	17
5	20	49	21	25	25	22	13	18	18
5	25	9	22	26	26	23	5	18	19
5	29	30	23	27	27	23	57	19	20
5	33	51	24	28	28	24	49	20	21
5	38	12	25	29	29	25	40	21	22
5	42	34	26	♌	♍	26	32	22	22
5	46	55	27	1	1	27	25	23	23
5	51	17	28	2	2	28	16	24	24
5	55	38	29	3	3	29	8	25	25
6	0	0	30	4	4	30	0	26	26
Sidereal Time. H.	**M.**	**S.**	**10 ♋ °**	**11 ♌ °**	**12 ♍ °**	**Ascen ♎ °**	**Ascen ′**	**2 ♎ °**	**3 ♏ °**
6	0	0	0	4	4	0	0	26	26
6	4	22	1	5	5	0	52	27	27
6	8	43	2	6	6	1	44	28	28
6	13	5	3	6	7	2	35	29	29
6	17	26	4	7	8	3	28	♏	♐
6	21	48	5	8	9	4	20	1	1
6	26	9	6	9	10	5	11	2	2
6	30	30	7	10	11	6	3	3	3
6	34	51	8	11	12	6	55	3	4
6	39	11	9	12	13	7	47	4	5
6	43	31	10	13	14	8	38	5	6
6	47	51	11	14	15	9	30	6	7
6	52	11	12	15	15	10	21	7	8
6	56	31	13	16	16	11	13	8	9
7	0	50	14	17	17	12	4	9	10
7	5	8	15	18	18	12	55	10	11
7	9	26	16	19	19	13	46	11	12
7	13	44	17	20	20	14	37	12	13
7	18	1	18	21	21	15	28	13	14
7	22	18	19	22	22	16	19	14	15
7	26	34	20	23	23	17	9	14	16
7	30	50	21	24	23	18	0	15	17
7	35	5	22	25	24	18	50	16	18
7	39	20	23	26	25	19	41	17	19
7	43	34	24	27	26	20	30	18	20
7	47	47	25	28	27	21	20	19	21
7	52	0	26	29	28	22	11	20	22
7	56	12	27	♍	29	23	0	21	23
8	0	24	28	1	♎	23	50	21	24
8	4	35	29	2	1	24	38	22	24
8	8	45	30	3	2	25	28	23	25
Sidereal Time. H.	**M.**	**S.**	**10 ♌ °**	**11 ♍ °**	**12 ♎ °**	**Ascen ♎ °**	**Ascen ′**	**2 ♏ °**	**3 ♐ °**
8	8	45	0	3	2	25	28	23	25
8	12	54	1	4	3	26	17	24	26
8	17	3	2	5	4	27	5	25	27
8	21	11	3	6	5	27	54	26	28
8	25	19	4	7	6	28	43	27	29
8	29	26	5	8	7	29	31	28	♑
8	33	31	6	9	7	0 ♏	20	28	1
8	37	37	7	10	8	1	8	29	2
8	41	41	8	11	9	1	56	♐	3
8	45	45	9	12	10	2	43	1	4
8	49	48	10	13	11	3	31	2	5
8	53	51	11	14	12	4	18	3	6
8	57	52	12	15	12	5	6	4	7
9	1	53	13	16	13	5	53	5	8
9	5	53	14	17	14	6	40	5	9
9	9	53	15	18	15	7	27	6	10
9	13	52	16	19	16	8	13	7	10
9	17	50	17	20	17	9	0	8	11
9	21	47	18	21	18	9	46	9	12
9	25	44	19	22	19	10	33	10	13
9	29	40	20	23	19	11	19	10	14
9	33	35	21	24	20	12	4	11	15
9	37	29	22	24	21	12	50	12	16
9	41	23	23	25	22	13	36	13	17
9	45	16	24	26	23	14	21	14	18
9	49	9	25	27	24	15	7	15	19
9	53	1	26	28	24	15	52	15	20
9	56	52	27	29	25	16	38	16	21
10	0	43	28	♎	26	17	22	17	22
10	4	33	29	1	27	18	7	18	23
10	8	23	30	2	28	18	52	19	24
Sidereal Time. H.	**M.**	**S.**	**10 ♍ °**	**11 ♎ °**	**12 ♎ °**	**Ascen ♏ °**	**Ascen ′**	**2 ♐ °**	**3 ♑ °**
10	8	23	0	2	28	18	52	19	24
10	12	12	1	3	29	19	36	20	25
10	16	0	2	4	29	20	22	20	26
10	19	48	3	5	♏	21	7	21	27
10	23	35	4	6	1	21	51	22	28
10	27	22	5	7	1	22	35	23	28
10	31	8	6	7	2	23	20	24	29
10	34	54	7	8	3	24	4	25	♒
10	38	40	8	9	4	24	48	25	1
10	42	25	9	10	5	25	33	26	2
10	46	9	10	11	6	26	17	27	3
10	49	53	11	12	7	27	2	28	4
10	53	37	12	13	7	27	46	29	5
10	57	20	13	14	8	28	29	♑	6
11	1	3	14	15	9	29	14	1	7
11	4	46	15	16	10	29	57	1	8
11	8	28	16	17	11	0 ♐	42	2	9
11	12	10	17	17	11	1	27	3	10
11	15	52	18	18	12	2	10	4	11
11	19	34	19	19	13	2	55	5	12
11	23	15	20	20	14	3	38	6	13
11	26	56	21	21	14	4	23	7	14
11	30	37	22	22	15	5	6	7	15
11	34	18	23	23	16	5	52	8	16
11	37	58	24	23	17	6	36	9	17
11	41	39	25	24	18	7	20	10	18
11	45	19	26	25	18	8	5	11	19
11	49	0	27	26	19	8	48	12	20
11	52	40	28	27	20	9	37	13	22
11	56	20	29	28	21	10	22	14	23
12	0	0	30	29	21	11	7	15	24

TABLES OF HOUSES FOR NEW YORK, *Latitude* 40° 43′ N.

Sidereal Time. H.	M.	S.	10 ♎ °	11 ♎ °	12 ♏ °	Ascen ♐ °	′	2 ♑ °	3 ♒ °
12	0	0	0	29	21	11	7	15	24
12	3	40	1	♏	22	11	52	16	25
12	7	20	2	1	23	12	37	17	26
12	11	0	3	1	24	13	19	17	27
12	14	41	4	2	25	14	7	18	28
12	18	21	5	3	25	14	52	19	29
12	22	2	6	4	26	15	38	20	♓
12	25	42	7	5	27	16	23	21	1
12	29	23	8	6	28	17	11	22	2
12	33	4	9	6	28	17	58	23	3
12	36	45	10	7	29	18	45	24	4
12	40	26	11	8	♐	19	32	25	5
12	44	8	12	9	1	20	20	26	7
12	47	50	13	10	2	21	8	27	8
12	51	32	14	11	2	21	57	28	9
12	55	14	15	12	3	22	43	29	10
12	58	57	16	13	4	23	33	♒	11
13	2	40	17	13	5	24	22	1	12
13	6	23	18	14	6	25	11	2	13
13	10	7	19	15	7	26	1	3	15
13	13	51	20	16	7	26	51	5	16
13	17	35	21	17	8	27	40	6	17
13	21	20	22	18	9	28	32	7	18
13	25	6	23	19	10	29	23	8	19
13	28	52	24	19	10	0 ♑	14	9	20
13	32	38	25	20	11	1	7	10	21
13	36	25	26	21	12	2	0	11	23
13	40	12	27	22	13	2	52	12	24
13	44	0	28	23	13	3	46	13	25
13	47	48	29	24	14	4	41	15	26
13	51	37	30	25	15	5	35	16	27

Sidereal Time. H.	M.	S.	10 ♏ °	11 ♏ °	12 ♐ °	Ascen ♑ °	′	2 ♒ °	3 ♓ °
13	51	37	0	25	15	5	35	16	27
13	55	27	1	25	16	6	30	17	29
13	59	17	2	26	17	7	27	18	♈
14	3	8	3	27	18	8	23	20	1
14	6	59	4	28	18	9	20	21	2
14	10	51	5	29	19	10	18	22	3
14	14	44	6	♐	20	11	16	23	5
14	18	37	7	1	21	12	15	24	6
14	22	31	8	2	22	13	15	26	7
14	26	25	9	2	23	14	16	27	8
14	30	20	10	3	24	15	17	28	9
14	34	16	11	4	24	16	19	♓	11
14	38	13	12	5	25	17	23	1	12
14	42	10	13	6	26	18	27	2	13
14	46	8	14	7	27	19	32	4	14
14	50	7	15	8	28	20	37	5	16
14	54	7	16	9	29	21	44	6	17
14	58	7	17	10	♑	22	51	8	18
15	2	8	18	10	1	23	59	9	19
15	6	9	19	11	2	25	9	11	20
15	10	12	20	12	3	26	19	12	22
15	14	15	21	13	4	27	31	14	23
15	18	19	22	14	5	28	43	15	24
15	22	23	23	15	6	29	57	16	25
15	26	29	24	16	6	1 ♒	14	18	26
15	30	35	25	17	7	2	28	19	28
15	34	41	26	18	8	3	46	21	29
15	38	49	27	19	9	5	5	22	♉
15	42	57	28	20	10	6	25	24	1
15	47	6	29	21	11	7	46	25	3
15	51	15	30	21	13	9	8	27	4

Sidereal Time. H.	M.	S.	10 ♐ °	11 ♐ °	12 ♑ °	Ascen ♒ °	′	2 ♓ °	3 ♉ °
15	51	15	0	21	13	9	8	27	4
15	55	25	1	22	14	10	31	28	5
15	59	36	2	23	15	11	56	♈	6
16	3	48	3	24	16	13	23	1	7
16	8	0	4	25	17	14	50	3	9
16	12	13	5	26	18	16	9	4	10
16	16	26	6	27	19	17	50	6	11
16	20	40	7	28	20	19	22	7	12
16	24	55	8	29	21	20	56	9	13
16	29	10	9	♑	22	22	30	11	15
16	33	26	10	1	23	24	7	12	16
16	37	42	11	2	24	25	44	14	17
16	41	59	12	3	26	27	23	15	18
16	46	16	13	4	27	29	4	17	19
16	50	34	14	5	28	0 ♓	45	18	20
16	54	52	15	6	29	2	27	20	22
16	59	10	16	7	♒	4	11	21	23
17	3	29	17	8	2	5	56	23	24
17	7	49	18	9	3	7	43	24	25
17	12	9	19	10	4	9	30	26	26
17	16	29	20	11	5	11	18	27	27
17	20	49	21	12	7	13	8	29	28
17	25	9	22	13	8	14	57	♉	♊
17	29	30	23	14	9	16	48	2	1
17	33	51	24	15	10	18	41	3	2
17	38	12	25	16	12	20	33	5	3
17	42	34	26	17	13	22	25	6	4
17	46	55	27	19	14	24	19	7	5
17	51	17	28	20	16	26	12	9	6
17	55	38	29	21	17	28	7	10	7
18	0	0	30	22	18	30	0	12	9

Sidereal Time. H.	M.	S.	10 ♑ °	11 ♑ °	12 ♒ °	Ascen ♈ °	′	2 ♉ °	3 ♊ °
18	0	0	0	22	18	0	0	12	9
18	4	22	1	23	20	1	53	13	10
18	8	43	2	24	21	3	48	14	11
18	13	5	3	25	23	5	41	16	12
18	17	26	4	26	24	7	35	17	13
18	21	48	5	27	25	9	27	18	14
18	26	9	6	28	27	11	19	20	15
18	30	30	7	29	28	13	12	21	16
18	34	51	8	♒	♓	15	3	22	17
18	39	11	9	2	1	16	52	23	18
18	43	31	10	3	3	18	42	25	19
18	47	51	11	4	4	20	30	26	20
18	52	11	12	5	5	22	17	27	21
18	56	31	13	6	7	24	4	29	22
19	0	50	14	7	9	25	49	♊	23
19	5	8	15	9	10	27	33	1	24
19	9	26	16	10	12	29	15	2	25
19	13	44	17	11	13	0 ♉	56	3	26
19	18	1	18	12	15	2	37	4	27
19	22	18	19	13	16	4	16	6	28
19	26	34	20	14	18	5	53	7	29
19	30	50	21	16	19	7	30	8	♋
19	35	5	22	17	21	9	4	9	1
19	39	20	23	18	22	10	38	10	2
19	43	34	24	19	24	12	10	11	3
19	47	47	25	20	25	13	41	12	4
19	52	0	26	21	27	15	10	13	5
19	56	12	27	23	29	16	37	14	6
20	0	24	28	24	♈	18	4	15	7
20	4	35	29	25	2	19	29	16	8
20	8	45	30	26	3	20	52	17	9

Sidereal Time. H.	M.	S.	10 ♒ °	11 ♒ °	12 ♈ °	Ascen ♉ °	′	2 ♊ °	3 ♋ °
20	8	45	0	26	3	20	52	17	9
20	12	54	1	27	5	22	14	18	9
20	17	3	2	29	6	23	35	19	10
20	21	11	3	♓	8	24	55	20	11
20	25	19	4	1	9	26	14	21	12
20	29	26	5	2	11	27	32	22	13
20	33	31	6	3	12	28	46	23	14
20	37	37	7	5	14	0 ♊	3	24	15
20	41	41	8	6	15	1	17	25	16
20	45	45	9	7	16	2	29	26	17
20	49	48	10	8	18	3	41	27	18
20	53	51	11	10	19	4	51	28	19
20	57	52	12	11	21	6	1	29	20
21	1	53	13	12	22	7	9	♋	20
21	5	53	14	13	24	8	16	1	21
21	9	53	15	14	25	9	23	2	22
21	13	52	16	16	26	10	30	3	23
21	17	50	17	17	28	11	33	4	24
21	21	47	18	18	29	12	37	5	25
21	25	44	19	19	♉	13	41	6	26
21	29	40	20	21	2	14	43	6	27
21	33	35	21	22	3	15	44	7	28
21	37	29	22	23	4	16	45	8	28
21	41	23	23	24	6	17	45	9	29
21	45	16	24	25	7	18	44	10	♌
21	49	9	25	27	8	19	42	11	1
21	53	1	26	28	9	20	40	12	2
21	56	52	27	29	11	21	37	12	3
22	0	43	28	♈	12	22	33	13	4
22	4	33	29	1	13	23	30	14	5
22	8	23	30	3	14	24	25	15	5

Sidereal Time. H.	M.	S.	10 ♓ °	11 ♈ °	12 ♉ °	Ascen ♊ °	′	2 ♋ °	3 ♌ °
22	8	23	0	3	14	24	25	15	5
22	12	12	1	4	15	25	19	16	6
22	16	0	2	5	17	26	14	17	7
22	19	48	3	6	18	27	8	17	8
22	23	35	4	7	19	28	0	18	9
22	27	22	5	8	20	28	53	19	10
22	31	8	6	10	21	29	46	20	11
22	34	54	7	11	22	0 ♋	37	21	11
22	38	40	8	12	23	1	28	21	12
22	42	25	9	13	24	2	20	22	13
22	46	9	10	14	25	3	9	23	14
22	49	53	11	15	27	3	59	24	15
22	53	37	12	17	28	4	49	24	16
22	57	20	13	18	29	5	38	25	17
23	1	3	14	19	♊	6	27	26	17
23	4	46	15	20	1	7	17	27	18
23	8	28	16	21	2	8	3	28	19
23	12	10	17	22	3	8	52	28	20
23	15	52	18	23	4	9	40	29	21
23	19	34	19	24	5	10	28	♌	22
23	23	15	20	26	6	11	15	1	23
23	26	56	21	27	7	12	2	2	23
23	30	37	22	28	8	12	49	2	24
23	34	18	23	29	9	13	37	3	25
23	37	58	24	♉	10	14	22	4	26
23	41	39	25	1	11	15	8	5	27
23	45	19	26	2	12	15	53	5	28
23	49	0	27	3	12	16	41	6	29
23	52	40	28	4	13	17	23	7	29
23	56	20	29	5	14	18	8	8	♍
24	0	0	30	6	15	18	53	9	1

PROPORTIONAL LOGARITHMS FOR FINDING THE PLANETS' PLACES

DEGREES OR HOURS

Min.	0	1	2	3	4	5	6	7	8	9	10	11	12	13	14	15	Min.
0	3.1584	1.3802	1.0792	9031	7781	6812	6021	5351	4771	4260	3802	3388	3010	2663	2341	2041	0
1	3.1584	1.3730	1.0756	9007	7763	6798	6009	5341	4762	4252	3795	3382	3004	2657	2336	2036	1
2	2,8573	1,3660	1,0720	8983	7745	6784	5997	5330	4753	4244	3788	3375	2998	2652	2330	2032	2
3	2.6812	1.3590	1.0685	8959	7728	6769	5985	5320	4744	4236	3780	3368	2992	2646	2325	2027	3
4	2.5563	1.3522	1.0649	8935	7710	6755	5973	5310	4735	4228	3773	3362	2986	2640	2320	2022	4
5	2.4594	1.3454	1.0614	8912	7692	6741	5961	5300	4726	4220	3766	3355	2980	2635	2315	2017	5
6	2.3802	1.3388	1.0580	8888	7674	6726	5949	5289	4717	4212	3759	3349	2974	2629	2310	2012	6
7	2.3133	1.3323	1.0546	8865	7657	6712	5937	5279	4708	4204	3752	3342	2968	2624	2305	2008	7
8	2.2553	1.3258	1.0511	8842	7639	6698	5925	5269	4699	4196	3745	3336	2962	2618	2300	2003	8
9	2.2041	1.3195	1.0478	8819	7622	6684	5913	5259	4690	4188	3737	3329	2956	2613	2295	1998	9
10	2.1584	1.3133	1.0444	8796	7604	6670	5902	5249	4682	4180	3730	3323	2950	2607	2289	1993	10
11	2.1170	1.3071	1.0411	8773	7587	6656	5890	5239	4673	4172	3723	3316	2944	2602	2284	1988	11
12	2.0792	1.3010	1.0378	8751	7570	6642	5878	5229	4664	4164	3716	3310	2938	2596	2279	1984	12
13	2.0444	1.2950	1.0345	8728	7552	6628	5866	5219	4655	4156	3709	3303	2933	2591	2274	1979	13
14	2.0122	1.2891	1.0313	8706	7535	6614	5855	5209	4646	4148	3702	3297	2927	2585	2269	1974	14
15	1.9823	1.2833	1.0280	8683	7518	6600	5843	5199	4638	4141	3695	3291	2921	2580	2264	1969	15
16	1.9542	1.2775	1.0248	8661	7501	6587	5832	5189	4629	4133	3688	3284	2915	2574	2259	1965	16
17	1.9279	1.2719	1.0216	8639	7484	6573	5820	5179	4620	4125	3681	3278	2909	2569	2254	1960	17
18	1.9031	1.2663	1.0185	8617	7467	6559	5809	5169	4611	4117	3674	3271	2903	2564	2249	1955	18
19	1.8796	1.2607	1.0153	8595	7451	6546	5797	5159	4603	4109	3667	3265	2897	2558	2244	1950	19
20	1.8573	1.2553	1.0122	8573	7434	6532	5786	5149	4594	4102	3660	3258	2891	2553	2239	1946	20
21	1.8361	1.2499	1.0091	8552	7417	6519	5774	5139	4585	4094	3653	3252	2885	2547	2234	1941	21
22	1.8159	1.2445	1.0061	8530	7401	6505	5763	5129	4577	4086	3646	3246	2880	2542	2229	1936	22
23	1.7966	1.2393	1.0030	8509	7384	6492	5752	5120	4568	4079	3639	3239	2874	2536	2223	1932	23
24	1.7781	1.2341	1.0000	8487	7368	6478	5740	5110	4559	4071	3632	3233	2868	2531	2218	1927	24
25	1.7604	1.2289	0.9970	8466	7351	6465	5729	5100	4551	4063	3625	3227	2862	2526	2213	1922	25
26	1.7434	1.2239	0.9940	8445	7335	6451	5718	5090	4542	4055	3618	3220	2856	2520	2208	1917	26
27	1.7270	1.2188	0.9910	8424	7318	6438	5706	5081	4534	4048	3611	3214	2850	2515	2203	1913	27
28	1.7112	1.2139	0.9881	8403	7302	6425	5695	5071	4525	4040	3604	3208	2845	2509	2198	1908	28
29	1.6960	1.2090	0.9852	8382	7286	6412	5684	5061	4516	4032	3597	3201	2839	2504	2193	1903	29
30	1.6812	1.2041	0.9823	8361	7270	6398	5673	5051	4508	4025	3590	3195	2833	2499	2188	1899	30
31	1.6670	1.1993	0.9794	8341	7254	6385	5662	5042	4499	4017	3583	3189	2827	2493	2183	1894	31
32	1.6532	1.1946	0.9765	8320	7238	6372	5651	5032	4491	4010	3576	3183	2821	2488	2178	1889	32
33	1.6398	1.1899	0.9737	8300	7222	6359	5640	5023	4482	4002	3570	3176	2816	2483	2173	1885	33
34	1.6269	1.1852	0.9708	8279	7206	6346	5629	5013	4474	3994	3563	3170	2810	2477	2168	1880	34
35	1.6143	1.1806	0.9680	8259	7190	6333	5618	5003	4466	3987	3556	3164	2804	2472	2164	1875	35
36	1.6021	1.1761	0.9652	8239	7174	6320	5607	4994	4457	3979	3549	3157	2798	2467	2159	1871	36
37	1.5902	1.1716	0.9625	8219	7159	6307	5596	4984	4449	3972	3542	3151	2793	2461	2154	1866	37
38	1.5786	1.1671	0.9597	8199	7143	6294	5585	4975	4440	3964	3535	3145	2787	2456	2149	1862	38
39	1.5673	1.1627	0.9570	8179	7128	6282	5574	4965	4432	3957	3529	3139	2781	2451	2144	1857	39
40	1.5563	1.1584	0.9542	8159	7112	6269	5563	4956	4424	3949	3522	3133	2775	2445	2139	1852	40
41	1.5456	1.1540	0.9515	8140	7097	6256	5552	4947	4415	3942	3515	3126	2770	2440	2134	1848	41
42	1.5351	1.1498	0.9488	8120	7081	6243	5541	4937	4407	3934	3508	3120	2764	2435	2129	1843	42
43	1.5249	1.1455	0.9462	8101	7066	6231	5531	4928	4399	3927	3501	3114	2758	2430	2124	1838	43
44	1.5149	1.1413	0.9435	8081	7050	6218	5520	4918	4390	3919	3495	3108	2753	2424	2119	1834	44
45	1.5051	1.1372	0.9409	8062	7035	6205	5509	4909	4382	3912	3488	3102	2747	2419	2114	1829	45
46	1.4956	1.1331	0.9383	8043	7020	6193	5498	4900	4374	3905	3481	3096	2741	2414	2109	1825	46
47	1.4863	1.1290	0.9356	8023	7005	6180	5488	4890	4365	3897	3475	3089	2736	2409	2104	1820	47
48	1.4771	1.1249	0.9330	8004	6990	6168	5477	4881	4357	3890	3468	3083	2730	2403	2099	1816	48
49	1.4682	1.1209	0.9305	7985	6875	6155	5466	4872	4349	3882	3461	3077	2724	2398	2095	1811	49
50	1.4594	1.1170	0.9279	7966	6960	6143	5456	4863	4341	3875	3454	3071	2719	2393	2090	1806	50
51	1.4508	1.1130	0.9254	7947	6945	6131	5445	4853	4333	3868	3448	3065	2713	2388	2085	1802	51
52	1.4424	1.1091	0.9228	7929	6930	6118	5435	4844	4324	3860	3441	3059	2707	2382	2080	1797	52
53	1.4341	1.1053	0.9203	7910	6915	6106	5424	4835	4316	3853	3434	3053	2702	2377	2075	1793	53
54	1.4260	1.1015	0.9178	7891	6900	6094	5414	4826	4308	3846	3428	3047	2696	2372	2070	1788	54
55	1.4180	1.0977	0.9153	7873	6885	6081	5403	4817	4300	3838	3421	3041	2691	2367	2065	1784	55
56	1.4102	1.0939	0.9128	7854	6871	6069	5393	4808	4292	3831	3415	3034	2685	2362	2061	1779	56
57	1.4025	1.0902	0.9104	7836	6856	6057	5382	4798	4284	3824	3408	3028	2679	2356	2056	1774	57
58	1.3949	1.0865	0.9079	7818	6841	6045	5372	4789	4276	3817	3401	3022	2674	2351	2051	1770	58
59	1.3875	1.0828	0.9055	7800	6827	6033	5361	4780	4268	3809	3395	3016	2668	2346	2046	1765	59
	0	1	2	3	4	5	6	7	8	9	10	11	12	13	14	15	

RULE:—*Add proportional log. of planet's daily motion to log. of time from noon, and the sum will be the log. of the motion required. Add this to planet's place at noon, if time be p.m., but subtract if a.m. and the sum will be planet's true place. If Retrograde, subtract for p.m., but add for a.m.*

What is the long of Moon 9 October 2019 at 5.36 pm ?

Moon's daily motion = 11° 50' 02"

Prop Log of	11° 50' 02"	.3071
Prop Log of	5h 36m	.6320
Moon's motion in 7h 20m = 2° 46' . . . or log	. . . .	.9391

Moon's long = 27°♒ 59' + 2° 46' = 0°♓ 45'

The Daily Motions of the Sun, Moon, Mercury, Venus and Mars will be found on pages 26-28.